# Ai로
# 가속하는
# 일의
# 효율화

# AI로 가속하는 일의 효율화

초판 1쇄 인쇄 | 2026년 4월 15일
초판 1쇄 발행 | 2026년 4월 20일

지 은 이 | 하이토 겐고
옮 긴 이 | 콘텐츠 연구소

발 행 인 | 이상만
발 행 처 | 정보문화사

책 임 편 집 | 노미라
편 집 진 행 | 명은별

주 소 | 서울시 종로구 동숭길 113 정보빌딩
전 화 | (02)3673 - 0114
팩 스 | (02)3673 - 0260
등 록 | 1990년 2월 14일 제1 - 1013호
홈 페 이 지 | www.infopub.co.kr

I S B N | 979-11-994261-8-4



※ 책값은 뒤표지에 있습니다.
※ 잘못된 책은 구입한 서점에서 바꿔 드립니다.

# Ai로 가속하는 일의 효율화

하이토 겐고 지음 | 콘텐츠 연구소 지음

정보문화사
Information Publishing Group

※ 이 책에서는 AI 전문 용어와 법률 용어 등을 일부 이해하기 쉽게 바꾸어 표현했다. 정확한 용어를 알고 싶은 경우에는 각 행정기관이나 전문서를 통해 확인하기 바란다. 특히 '생성형 AI'라는 표기는 의도적으로 혼용하여 사용하고 있다.

# 들어가며

## ‘열심히 해도 끝나지 않는 매일’이 바뀐다

야근이 계속되어 컴퓨터를 끄는 건 늘 마지막이다. 집에 돌아와서도 다음 날의 업무가 머릿속에서 떠나지 않는다. 이런 매일을 ‘노력이 부족해서’ ‘내 능력 탓’이라고 돌리고 있지는 않은가?

## 한 달 후, 일의 풍경이 달라진다

‘아무리 해도 일이 끝나지 않는다.’ ‘하려고 해도 진도가 나가지 않는다.’ 그 원인은 당신 자신이 아니다.

아무리 노력해도 머리와 손으로만 처리할 수 있는 업무량에는 한계가 있다. AI를 제대로 활용하면 번거로운 작업은 한꺼번에 맡길 수 있고, 당신은 '생각하고' '판단하는' 일에 집중할 수 있게 된다.

예를 들면, 다음과 같은 일하는 방식이 가능해진다.

- 퇴근 시간 전에 이메일과 회의록이 모두 정리되고, 새로운 기획에 착수할 수 있다.
- 집에 일을 가져가지 않고, 가족과의 시간을 즐기며 다음 날 아침 집중력이 더욱 높아진다.
- 생긴 여유를 재학습이나 부업에 활용할 수 있다.

이런 미래를 단 한 달 만에 손에 넣을 수 있다. 이 책에서 소개하는 단계를 차례대로 시도하기만 해도, 당신의 일은 놀랄 만큼 빠르게 끝난다.

## 지시 하나로, AI는 전혀 다른 존재가 된다

AI 활용은 어려운 지식부터 시작할 필요가 없다. 우선은 AI에게 다음과 같이 부탁해 보자.

'이 메일을 존댓말로 고쳐 줘'

이것만으로도 3분 걸리던 작업이 10초로 줄어들고, 본래의 '생각하는 일'로 돌아갈 수 있다.

이 책에서는 일을 '고민하는 영역'과 '작업하는 영역'으로 나누고, 작업은 AI에게 맡기는 방법을 설명한다. 특별한 도구나 사내 승인도 필요 없고, 오늘부터 바로 시작할 수 있다. 여기에 더해 '회사 외부로 나가면 안 되는 내부 데이터를 보호한 상태로 AI를 활용하는 방법'도 소개한다.

질문을 해도 엉뚱한 답만 돌아왔던 경험이 있어도 괜찮다. AI는 '목적' '배경' '제약'의 세 가지만 전달해도 결과물의 질이 극적으로 달라진다.

예를 들면, 다음과 같이 전달하면 된다.

'매출 보고서를 알기 쉽게 요약해 줘. 임원용, 3줄, 긍정적인 표현으로'

이것만으로도 수정이 필요 없는 자료가 몇 초 만에 완성된다. 이 책에서는 이 효과를 10배로 높이는 템플릿도 함께 소개한다.

## 애쓰지 않아도 성과가 나는 일하는 방식으로

필자는 10년 넘게 경리 책임자로 일하며, 바쁜 시기에는 월말 · 월초에 사무실에서 막차를 포기한 적도 있었다. 하지만 그때 AI를 활용하고 있었다면 데이터 입력은 자동화되고, 야근을 안하는 것도 꿈은 아니었을 것이다. 남는 시간에 숫자를 분석하고 개선안을 제안하는, 그런 본래의 일에 집중할 수 있었을 것이다.

1만 명 이상에게 노하우를 전하는 과정에서, AI가 '어렵다.'에서 '써보니 즐겁다!'로 바뀌는 순간을 수없이 보아 왔다. 그 기쁨은 단순히 도구로서의 재미가 아니라, 자유로운 시간을 손에 넣었을 때 비로소 생겨나는 것이다. 몇 시간씩 걸리던 작업이 불과 몇 분 만에 끝나 버리기 때문이다.

AI는 당신의 일을 빼앗는 존재가 아니라, 미래를 함께 만들어 가는 존재다. 이 책을 다 읽고 나면 '애써서 끝내는' 매일로는 더 이상 돌아갈 수 없게 될 것이다.

AI 지식은 어려운 전문서가 아니다. 그렇다. AI를 전혀 모르는 사람이라도 오늘부터 한 걸음을 내딛을 수 있도록, 모든 과정을 쉽게 풀어 설명한다.

'어느새 매일이 가벼워졌다.' 그런 변화를 당신 스스로 체험해 보길 바란다. 시간에 쫓기기만 하던 나날에서 벗어나는 방법은, 생각보다 훨씬 단순하다. 이제는 페이지를 넘기고, 첫 번째 작은 한 걸음을 시험해 보면 된다.

자, 새로운 일하는 방식으로 나아가는 첫 발을 내딛자.

灰藤 健吾

하이토 겐고

# 차례

# 01

## 왜 우리는 늘
## '일에 쫓기게 되는가?'

바쁨의 정체와 낭비를 발견하는 방법

# '열심히 하고 있는데도 끝나지 않는' 이유는 무엇일까?

아침에 알람이 울리는 순간 떠오르는 것은 '오늘 해야 할 일'의 긴 목록이다. 하지만 시간은 늘 부족하다. '오늘도 끝내지 못하겠지'라는 우울한 마음으로 발걸음을 무겁게 직장으로 향한다.

새로운 업무가 추가되고, 저녁이 되어도 일은 산더미처럼 쌓여 있다. 게다가 상사에게 '이것도 부탁해'라는 말을 들을 때마다, 예정에 없던 일이 끼어들고 어느새 시계를 힐끗거리게 된다. 책상 위에는 내일의 과제가 더 늘어나고, '오늘도 아무것도 못 했다.'라는 무거운 마음으로 집으로 돌아간다.

이런 날들이 반복되다 보면, 나는 쓸모없는 사람이라는 생각이 들고 '내 능력이 부족한 탓이야'라고 여기게 된다.

## 일이 끝나지 않는 것은 당신 탓일까?

하지만 잠깐 생각해 보자. 정말로 당신 탓일까?

사실, 일이 끝나지 않는 이유는 당신의 능력 부족이 아니다. 더 근본적인, 일의 '구조'에 문제가 있다.

경어가 맞는지 확인하느라 10분이나 걸리는 사람이 있다. '이 표현, 실례가 되지는 않을까?'라며 몇 번이고 다시 고친다. 그 결과, 원래 3분이면 끝날 연락이 10분이 된다.

1시간 회의 뒤에 회의록 작성으로 또 2시간이 더 걸린다. '이 결정 사항이 맞았던가?'라고 고민하며 작업을 계속하기 때문이다.

## 작업과 고민을 나누자

이 두 가지 예시의 공통된 점은 무엇일까? 바로 '작업'과 '고민'이 뒤섞여 있다는 점이다.

본래 메일의 경어를 확인하거나 회의록 문장을 정리하는 일은 '작업'이다. 반면 '어떤 내용을 전달할지' '어떤 결정을 내릴지'는 '고민'의 영역이다. 하지만 지금까지 일이 끝나지 않았던 이유는, 작업도 고민도 모두 사람이 직접 해야 했기 때문이다. 그래서 아무리 애써도 일이 끝나지 않았던 것이다.

당신에게는 이제 '일'의 일부를 맡길 수 있는 든든한 동료가 생겼다. 이는 결코 당신의 능력이나 노력이 부족해서가 아니다.

## 일이 빨리 끝난다면 무엇을 하겠는가?

한번 상상해 보자. 메일의 경어 확인을 누군가에게 맡길 수 있다면, 10분 걸리던 작업이 1분 만에 끝난다. 회의록 문장 정리를 누군가에게 맡길 수 있다면, 2시간 걸리던 작업이 10분이면 끝난다. 그렇게 새로 생긴 시간으로 당신은 무엇을 하겠는가? 새로운 기획을 고민하거나, 고객과의 관계를 더 깊게 만들거나, 팀원과의 대화를 늘릴 수도 있다.

분명 더 가치 있는 일에 시간을 쓸 수 있을 것이다. 그리고 무엇보다, 정시에 퇴근할 수 있게 된다면 가족과 보내는 시간이나 자신의 취미 시간도 되찾을 수 있다. 시간과 마음에 여유가 생기면, 다음 날의 일도 훨씬 즐거워진다.

# 애초에, 당신의 일은 너무 많다

'업무량이 너무 많다.' 그렇게 느낀 적은 없는가? 아무리 노력해도 끝나지 않는 일의 산더미 속에서 '이렇게 계속 일하고 있는데 왜?'라고 의문을 가져 보면, 동료들 역시 똑같이 지친 얼굴을 하고 있다.

사실, 당신의 감각은 옳다. 현대의 직장인이 떠안는 업무량은 분명히 계속 늘어나고 있다.

## 업무량이 압도적으로 늘어나고 있다

20년 전과 비교해 하루에 처리해야 하는 이메일 수는 2.5배로 증가했다. 회의에 쓰는 시간은 해마다 10%씩 늘어나고 있다. 그런데도 하루는 여전히 24시간이다.

당연히 하나하나의 일에 쓸 수 있는 시간은 줄어들고, 일의 질도 떨어지게 된다.

어느 회사원의 하루를 살펴보자.

아침 9시에 출근하면, 전날 밤부터 아침 사이에 도착한 메일이 15통, '긴급'이라고 적힌 것부터 차례로 답장을 하다 보면 어느새 10시다. 10시부터는 기획 회의인데, 회의에 쓸 자료를 준비할 시간이 없었기 때문에, 회의 중에 메모를 하면서 나중에 자료를 만들어야겠다고 머릿속으로 일정을 짠다.

인터뷰가 끝나면 이번에는 오후 미팅용 자료를 만든다. 점심을 먹으면서 파워포인트를 열고, 오후 미팅이 끝나면 아침에 처리하지 못한 메일과 회의록 작성이 기다린다.

정신을 차려 보면 어느새 저녁 7시다. 사실은 내일이나 모레 쓸 자료를 미리 준비하거나, 새로운 제안 내용을 고민하고 싶었는데, 앞으로의 준비를 하려고 했는데도, '오늘도 아무것도 못 했다.'는 기분으로 퇴근한다.

이 하루의 어디에 문제가 있을까? 정답은, 모든 일을 혼자 떠안고 있다는 데 있다. 메일 회신도, 자료 작성도, 회의록도 모두 그렇다. 하지만 곰곰이 생각해 보자. 이 가운데 정말로 그 사람이 직접 해야 할 일은 과연 얼마나 될까?

메일 회신이라면 정형적인 내용은 누군가에게 초안을 맡길 수 있을지도 모른다. 회의록이라면 핵심만 정리해 달라고 할 수도 있다. 자료의 초안 역시 누군가에게 부탁할 수 있을 것이다. 즉, 그 사람은 '처음 지시'와 '최종 확인'만 하면 되는 것이다.

## 누구나 '파트너'에게 일을 맡길 수 있는 시대

하지만 그렇게 편리한 '누군가'가 있을 리 없다고 생각할지도 모른다. 확실히 지금까지의 상식으로는 그랬다. 그러나 지금은 다르다. 당신 곁에는, 눈치를 볼 필요도 없고 상대를 배려하느라 신경 쓸 필요도 없는 '파트너'가 있다. 그 정체는 AI다. 무엇을 사용해도 상관없지만, 나는 범용적으로 쓰기에는 ChatGPT나 Gemini를 추천한다.

하지만 시대는 바뀌었다. 이제는 24시간 언제든, 거리낌 없이 부탁할 수 있는 든든한 파트너가 있다. 그럼에도 시간이 필요하다. 결국 '내가 직접 하는 게 더 빠르다.'는 생각으로 돌아가게 된다. 지금 떠안고 있는 일의 70%는 '작업'에 해당한다.

이를 AI에게 맡기면, 당신은 정말로 집중해야 할 '고민'의 영역에 시간을 쓸 수 있게 된다. 당신의 일이 너무 많은 것은 당신 탓이 아니다. 시대는 변했는데, 일하는 방식만 변하지 않았을 뿐이다. 하지만 새로운 파트너를 얻은 지금, 당신은 달라질 수 있다. '어디부터 손대야 할지 모르겠다.'는 마음의 정체가 바로 그것이다.

# '효율화'를 하고 싶지만, 무엇부터 시작해야 할까?

'일을 더 효율적으로 하고 싶다.' '좀 더 빨리 끝내고 싶다.' 그렇게 생각하며 책을 읽거나 유튜브를 보거나, 온라인 세미나에 참여해 본 적은 없는가? 하지만 막상 실행하려고 하면 '결국 무엇부터 시작해야 할지 모르겠다.'는 상태가 된다.

그 마음, 정말 잘 안다. 효율화라는 말을 들으면 하나같이 규모가 커 보이고, 지금처럼 바쁜 일상 속에서 도입하기는 어려워 보일지도 모른다. 실제로 많은 사람이 효율 향상에 실패하는 이유는 완벽을 지나치게 추구하기 때문이다. 흔히 겪는 실패 패턴을 살펴보자.

'일을 효율적으로 해보자'고 결심하고, 우선 시간 관리 어플을 다운로드한다. 다음으로는 업무 관리 도구를 도입한다. 거기에 더해 새로운 업무 방법서도 여러 권 사서 '이제 완벽하다.'고 생각한다. 하지만 막상 쓰기 시작하면 어떤 도구를 써야 할지 헷갈리기 시작한다. 어플 설정에만 시간을 빼앗기고, 결국 사흘 만에 포기한다.

'역시 나는 안 되는 사람이었어' 하고 낙담하게 되지만, 사실 문제는 도구가 아니다. '한 번에 모든 것을 바꾸려 했던 것'이 실패의 원인이다.

## 작게 시작하는 것이 효율화의 요령이다

효율을 높이는 데서 가장 중요한 것은 작게 시작하는 것이다. 오늘부터 바로 쓸 수 있는, 단 하나의 작은 변화만으로도 충분하다. 그렇다면 무엇부터 시작하는 것이 좋을까? 바로 '매일 하는 작업'을 다시 살펴보는 것이다.

매일 반드시 반복하는 일이라면, 작은 개선의 효과가 차곡차곡 쌓인다. 결과도 금방 눈에 보이기 때문에 계속해 나가고 싶은 의욕이 생긴다. 그리고 실패의 위험도 적기 때문에, 안심하고 시도할 수 있다. 예를 들어 메일을 쓸 때, 자료를 만들 때, 회의 준비를 할 때, 이런 작업들이 매일 하는 일인데도 왜 이렇게 시간이 걸린다고 느껴질까? 또 왜 '어느새' 지쳐버리는 걸까? 바로 그 지점이 당신의 효율을 끌어올리는 출발점이다.

중요한 것은 완벽을 추구하지 않는 것이다. 60점짜리 개선이라도, 처음부터 만드는 것보다 압도적으로 빠르다.

## 작은 축적이 큰 변화를 만든다

조금 손을 댄다. 조금 더 궁리해 본다. 조금 다른 방식을 시험해 본다. 이 '조금'의 반복이 큰 변화를 만들어 낸다. 하지만 구체적으로 어떤 궁리를 해야 할까?

안심해도 된다. 일을 조금 더 잘하기 위한 방법은 사실 당신 주변에 이미 많이 있다. 지금까지 그걸 알아차리지 못했을 뿐이다.

여기서 질문 하나를 해 보자. 내일, 당신이 가장 많은 시간을 쓰게 될 것 같은 작업은 무엇인가? 그 작업을 떠올리며 '이 작업의 어떤 부분을 누군가에게 맡길 수 있을까?'라고 생각해 보자.

그런 마음으로 생각했을 때, 조금이라도 떠오르는 부분이 있다면 그것으로 충분하다. 완벽한 준비도, 깊은 지식도, 특별한 기술도 필요 없다. 그저 조금만 다르게 해보겠다는 가벼운 마음이면 첫걸음은 이미 내디딘 것이다.

내일 아침, 평소처럼 일을 시작했을 때 문득 '그러고 보니'라고 떠올려 보자. 그리고 아주 조금만, 늘 하던 방식과 다른 방법을 시험해 보자. 그 순간부터, 당신의 새로운 일하는 방식이 시작된다.

# 똑똑하게 편해지는 사람의 '일하는 방식의 규칙'

'열심히 하지 않는다니, 얍삽하다.' '편하게 하면서 성과를 낸다니, 뭔가 잘못된 것 아니야' 그렇게 생각하고 있지는 않은가?

우리는 어릴 때부터 '열심히 하는 것이 옳다.' '고생해야 가치가 있다.' 라고 배워 왔다. 그래서 편해 보이게 일하는 사람을 보면, 무심코 '저 사람은 요령을 부리고 있다.' 라고 느끼게 된다.

## 직장을 관찰해 보면 두 가지 유형의 사람이 있다

하지만 직장을 유심히 관찰해 보자. 정말로 성과를 내는 사람은 의외로 '열심히 하는 티'가 적지 않은가? 늘 정시에 퇴근하는데도 프로젝트는 반드시 기한 내에 마무리된다. 팀원들의 신뢰도 두텁고, 상사의 평가도 높다. 회식 자리에서도 '그렇게 바쁘지 않아'라며 여유로운 얼굴을 하고 있는 사람이 있다.

반면 누군가는 매일 밤늦게까지 야근하고, 주말에도 출근하는

데도 이상하게 프로젝트가 늘어지기 십상이다. '바쁘다, 바쁘다.'를 입버릇처럼 말하며 항상 지친 표정을 짓는 사람도 있다.

이 두 유형의 차이는 무엇일까? 능력의 차이일까? 경험의 차이일까? 사실 가장 큰 차이는 '어디에서 힘을 써야 하는지'를 알고 있느냐에 있다.

## '힘을 써야 할 곳'과 '편해지는 기술'을 알자

성과를 내는 사람은 중요한 고민이나 전략을 세우는 데 시간을 집중한다. 반면 자료의 형식을 다듬거나 메일 문구를 고민하는 작업은 가능한 한 짧은 시간에 끝내거나, 다른 사람에게 맡긴다.

항상 바빠 보이는 사람은 중요한 고민이든 사소한 작업이든, 모든 일을 같은 수준으로 정성 들여 처리하려 한다. 그 결과, 정말로 중요한 일에 쓸 시간이 사라져 버린다.

즉, 성과를 내는 사람은 '편해지는 기술'을 알고 있는 것이다. 여기서 중요한 것은 '편해진다.'는 의미를 제대로 이해하는 일이다. '편해진다.'는 것은 '게으름을 피운다.'는 뜻이 아니다.

효율화란 질질 끄는 작업에 시간을 쓰지 않고, 정말로 가치 있는 일에 집중하는 것이다. 메일 문구를 고민하는 데 10분 걸리던 시간을 1분으로 줄인다. 그렇게 남은 9분으로 고객을 더 깊이 이해하고, 새로운 아이디어를 다듬는다. 이것은 '편해진 것'일까? 아니면 '더 열심히 한 것'일까?

실제로 효율적이게 일하는 방식을 몸에 익힌 사람들에게는 공통된 변화가 일어나고 있다. 자료 작성에 쓰던 2시간이 30분으로 줄어들고, 그만큼 고객 미팅 준비에 충분히 시간을 쓸 수 있게 된다. 그 결과 제안의 질이 높아지고, 성과도 함께 올라간다.

이는 '힘을 써야 할 곳'을 바꾼 것이다. 자료의 형식을 다듬는 작업에서 고객의 문제를 해결할 제안을 고민하는 일로, 단순 작업에서 고민이 필요한 일로 힘을 써야 할 지점을 옮긴 것이다.

'열심히 하지 않는' 것이 아니다. '열심히 하는 방식'을 바꾸는 것이다. 땀 흘리는 것이 목적이 아니라, 결과를 내는 것이 목적이다. 이를 위해 효율적인 도구와 방법을 쓰지 않을 이유가 없다.

# 바쁨의 정체를 '보이게' 하자

'매일 바쁘다.' '시간이 부족하다.'고 느끼고 있으면서도, 구체적으로 무엇이 바쁨의 원인인지 설명할 수 있는 사람은 의외로 적다. 그저 바쁘다는 느낌만으로는 어디부터 손대야 할지 알 수 없다. 하지만 바쁨을 '보이게' 만들면, 개선의 실마리가 분명히 드러난다.

## 바쁨의 정체를 세 가지로 나눠 보자

우선, 당신의 하루 업무를 다음의 세 가지로 나눠 보자.

① **판단 · 창조의 일:** 새로운 아이디어를 생각하고, 중요한 결정을 내리며, 전략을 세우고, 고객의 문제를 해결할 방법을 찾는 등 당신의 경험과 지식을 활용해 고민해야 하는 일이다.

② **작업 · 처리의 일:** 메일 회신, 자료 형식 정리, 데이터 입력, 회

의록 작성, 일정 조정처럼 절차가 정해져 있는 일이다.

③ **돌발 · 대응의 일:** 갑작스러운 클레임 대응, 상사의 긴급 요청, 시스템 트러블 대응, 회의 시간 변경 등 예정에 없던 일이다.

이렇게 분류해 보면, 많은 사람이 놀라게 된다. '판단 · 창조의 일'에 쓰고 있는 시간이 생각보다 훨씬 적다는 사실을 알게 되기 때문이다.

## 하루의 시간 배분을 적어 보자

다음으로 어제의 일을 되돌아보며, 이 세 가지 분류에 따라 시간 배분을 적어 보자.

예를 들어 하루 8시간 근무라면 다음과 같은 배분으로 하루를 보내는 사람이 많지 않은가.

- 판단 · 창조의 일: 1시간
- 작업 · 처리의 일: 4시간
- 돌발 · 대응의 일: 2시간

즉, 8시간 중 4시간을 '작업 · 처리'에 쓰고 있는 셈이다. 정말로 하고 싶은 '고민하며 답을 찾아가는' 일에 더 많은 시간을 쓸 수 있어야 한다.

이 분석에서 중요한 점이 하나 더 있다. 그것은 정말로 해야 할 일, 가치 있는 일이 어디에 있는지를 확인하는 것이다. 많은 사람이 성취감을 느끼고, 평가로 이어지는 일은 '판단 · 창조의 일'이다.

'새로운 아이디어를 떠올리고 싶다.' '고객을 기쁘게 하고 싶다.' '팀을 더 나은 방향으로 이끌고 싶다.' 이런 바람은 모두 '고민하며 답을 찾아가는' 영역에 있다. 하지만 현실에서는 '작업 · 처리'에 시간을 빼앗겨, 정말로 하고 싶은 일에 좀처럼 집중하지 못한다. 이 구조가 보이기 시작하면 '무엇을 바꿔야 할지'가 분명해진다.

## 사소한 짜증을 '보이게' 하자

'바쁨을 보이게 하기'에서는 시간뿐 아니라 '감정'도 함께 기록해 보자. '메일 회신을 생각할 때 짜증이 난다.' '자료의 겉모양을 다듬을 때 시간이 오래 걸려 집중이 안 된다.' '비슷한 질문에 몇 번이고 답할 때, 귀찮게 느껴진다.' 이런 '작은 짜증'이야말로 개선의 힌트가 숨어 있는 지점이다. 짜증이 사라지는 것만으로도 일의 만족도가 크게 달라진다.

이처럼 바쁨이 보이기 시작하면, 어디부터 손보면 효과가 큰지도 자연스럽게 보인다. 매일 2시간을 쓰고 있는 메일 처리를 효율화할 수 있다면 하루에 1시간의 여유가 생긴다. 주 3회 하는 자료 작성을 빠르게 할 수 있다면 일주일에 3시간의 여유가 생긴다. 숫자로 확인하면 개선 효과를 체감하기 쉬워진다.

보이게 만들면 '해야 할 일'이 또렷해진다. 바쁨을 보이게 했을 때 얻는 가장 큰 효과는 '아, 그렇구나. 여기를 고치면 되는 거였어'라는 안도감이 생긴다는 점이다. '그냥 너무 바빠서 어쩔 수 없어'라고 느끼던 상태가 '여기를 개선하면 편해진다.'라는 구체적인 길로 바뀌게 된다.

# 02

## 당신의 '헛된 일'을 드러내는 일곱 가지 관점

# 업무를 점검해 해야 할 일을 절반으로 줄이기

# 일을 '작업'과 '고민'으로 나눠 보자

어제 일을 떠올려 보자. 당신은 어떤 일을 했는가? '메일 회신' '기획서 작성' '회의 참석' 대략적이어도 괜찮다. 이 모든 것을 적어 보자. 그리고 당신의 매일의 일을 하나하나 되짚어 보며, 정말로 불필요한 부분을 드러내 보자.

## 우선은 어제의 일을 적어 보자

자신이 했던 일을 먼저 적어 본 뒤, 그 하나하나를 '작업'과 '고민'으로 나눠 보자. 하나의 일에는 '작업한 내용'과 그에 쓴 '시간', 그리고 '고민한 내용'과 그에 쓴 '시간'이 있다.

**작업 부분**

- 글자의 폰트를 맞춘다.
- 도표의 위치를 조정한다.
- 오탈자를 확인한다.
- 페이지 번호를 입력한다.
- 인쇄해 제본한다.

**고민 부분**

- 어떤 기획으로 할지 고민한다.
- 고객의 니즈를 분석한다.
- 경쟁사와의 차별화 포인트를 찾는다.
- 예산 배분을 검토한다.
- 실현 가능성을 판단한다.

보통 일이라고 하면 '작업 부분'만 있는 것처럼 생각하기 쉽지만, 그 일을 하기 위해서는 사실 '고민의 부분'이 숨어 있다는 것을 알게 된다.

이렇게 나눠서 살펴보면 놀라운 일이 생긴다. '기획서 작성에 3시간이 걸렸다.'고 생각했지만, 실제로는 그중 1시간은 '고민'이었고, 나머지 2시간은 '작업'이었다는 사실이 드러난다.

## 작업 속에 낭비가 숨어 있다

'고민'의 시간은 쉽게 줄일 수 없다. 고객을 생각하고 새로운 아이디어를 다듬는 시간은, 당신에게 중요한 가치를 만들어 내는 시간이기 때문이다. 하지만 '작업'은 다르다. 같은 결과를 얻는 데 더 빠른 방법이 있을지도 모른다.

앞서 든 기획서 사례로 생각해 보자. 글자 폰트를 맞추는 작업에 30분이 걸렸다고 하자. 하지만 미리 템플릿을 만들어 두었다면 5분이면 끝났을 수도 있다. 도표 위치를 조정하는 데 20분이 걸렸다고 하자. 그러나 정해진 레이아웃 패턴을 쓰면 5분이면 끝났을지도 모른다. 이처럼 '작업'에는 개선의 여지가 곳곳에 숨어 있다.

'작업'과 '고민'을 나눌 때는 작은 작업도 놓치지 말자. '자료 찾기' '파일 이름 정하기' '복사 · 붙여넣기' '화면 전환'처럼 하나하나는 1분 남짓한 사소한 일이라도, 쌓이면 큰 시간이 된다.

어떤 사람이 하루 동안의 작은 작업을 기록해 보았더니 다음과 같은 결과가 나왔다.

- 필요한 파일을 찾는 데 합계 25분
- 메일 수신자를 입력하는 데 합계 15분
- 자료를 복사 · 붙여넣기하는 데 합계 20분
- 어플 화면을 전환하는 데 합계 10분

합계 70분, 하루 중 1시간 이상을 이런 자잘한 작업에 쓰고 있었던 것이다.

## 누군가에게 맡길 수 있는 작업은 없는가

이제 작업을 모두 적어 냈다면, 이번에는 그것을 '내가 직접 해야만 하는 것'과 '누군가에게 맡길 수 있을 것' 두 가지로 나눠 보자. 이때 기준은 단 하나다. '사람에게 부탁할 수 있을까?'라는 관점이다.

**내가 직접 해야만 하는 것**

- 고객의 니즈를 고민한다.
- 기획의 방향성을 정한다.
- 중요한 판단을 내린다.

**누군가에게 맡길 수 있을 것**

- 자료의 형식을 정리한다.
- 데이터를 입력한다.
- 정형적인 메일을 작성한다.
- 파일을 정리한다.

이렇게 나눠 보면, 맡길 수 있는 일이 생각보다 많다는 사실에 놀라게 된다. 지금까지 당연하다는 듯 혼자 해 오던 작업들 가운데, 사실은 사람에게 맡길 수 있는 일이 수없이 많다는 것을 깨닫게 된다.

일을 '작업'과 '고민'으로 나누고, 여기에 '맡길 수 있는 것'을 더해 정리하면, 당신이 다음에 무엇을 해야 하는지가 분명해진다. 우선은 누군가에게 맡길 수 있을 것 같은 작업부터 효율화를 시작하자. 그러면 당신은 '고민의 영역', 즉 정말로 가치 있는 일에 더 많은 시간을 쓸 수 있게 된다.

오늘 일을 마쳤다면 단 15분만 시간을 내서, 오늘 했던 일을 '작업'과 '고민'으로 나눠 보자. 분명 새로운 발견이 있을 것이다.

# 내가 하지 않아도 되는 일을 가려내기

일을 '작업'과 '고민'으로 나눠 보면, 의외로 '누군가에게 맡길 수 있을 것 같은 작업'이 많다는 사실을 알게 된다. 하지만 막상 '이건 내가 직접 하지 않아도 될지도'라고 생각해도, '정말 괜찮을까?' '그래도 내가 직접 하는 게 마음이 편하지 않을까'라는 마음이 들지 않는가? 여기서는 그런 망설임을 없애기 위한 '판단 기준'을 제시한다.

## '내가 아니면 안 된다'는 생각을 의심해 보자

많은 사람은 '내가 직접 해야만 한다.'는 생각에 얽매여 있다. '부장에게 올릴 보고서는 내가 직접 써야 하지' '고객에게 보내는 메일은 내가 직접 확인해야 하지' '회의 준비는 내가 직접 해야 하지' 하지만 정말 그럴까? 한번 멈춰 서서 생각해 보자.

보고서에서 정말로 중요한 것은 '무엇을 보고할 것인가'라는 내용이다. 문장의 형식이나 표현을 다듬는 일은 사실 성과로 잘 이어지지 않는 사소한 작업일지도 모른다. 고객에게 보내는 메일에서 정말 중요한 것은 '무엇을 전달할지' '어떻게 대응할지'라는 방침이다. 경어를 확인하고 문장을 다듬는 일은 규칙만 정해져 있다면 누구나 할 수 있는 작업이다.

이 일을 내가 직접 해야 하는지 판단하기 위해 '가려내는 세 가지 기준'을 사용해 보자.

### 기준 ① 당신의 경험과 판단이 필요한가?

그 일에 당신만의 경험이나 판단이 필요한가? 예를 들어 상품의 가격 설정을 검토하는 일은 시장에 대한 지식과 고객의 니즈를 이해한 당신의 판단이 필요하다. 그런 일은 당신이 직접 해야 할 일이다. 한편 '가격 숫자를 입력하는 일'이라면, 정해진 숫자를 정해진 위치에 넣기만 하면 된다. 여기에는 당신의 경험이나 판단이 필요하지 않다.

### 기준 ② 실수해도 되돌릴 수 있는가?

누군가에게 맡겼다가 실수가 나더라도, 쉽게 수정할 수 있는가? 그렇다면 큰 문제는 되지 않는다. 이런 일은 내가 직접 하지 않아도 되는 일이다. 예를 들어 '자료의 페이지 번호를 매기는 일'이라면 실수해도 간단히 고칠 수 있다. 맡겨도 문제가 없다.

### 기준 ③ 방법을 설명할 수 있는가?

그 일을 하는 방법을 5분 안에 다른 사람에게 설명할 수 있는가? 설명할 수 있다는 것은 절차가 명확하다는 뜻이다. 즉, 누구나 할 수 있을 가능성이 높다. 예를 들어 '이 자료를 이 순서대로 입력한다.'고 설명할 수 있는 일은 다른 사람에게 맡기기 쉬운 일이다.

## 가려낸 뒤에 주의할 점

'가려내기' 과정에서 빠지기 쉬운 함정이 있다. 바로 '완벽하게 해 주지 못할 바엔 내가 직접 하는 게 낫다.'라고 생각해 버리는 것이다.

하지만 잠깐만 생각해 보자. 정말 100점이어야만 할까? 예를 들어 자료의 글자 정렬이 95점이어도 내용 전달에는 아무 문제가 없다. 메일의 경어가 90점이어도 상대에게 무례하지 않다면 충분하다. 80점만 되어도 기준을 충족한다면, 맡길 수 있는 일은 크게 늘어난다.

또 하나의 판단 기준은 '그 일에 시간을 들일 가치가 있는가'이다. 30분을 들여 자료의 겉모양을 완벽하게 다듬는 것과, 그 30분으로 새로운 기획을 고민하는 것 중 어느 쪽이 당신에게, 그리고 회사에 더 큰 가치를 가져올까? 대부분의 경우 답은 분명하다.

또한 가려낼 수 있게 되었다면, 처음부터 큰 일을 맡기기보다는 '작게 시험해 보는 것'부터 시작해 보자. 우선은 짧은 시간 안에 끝나는 일부터 시도해 본다. 실수가 나더라도 영향이 적은 일부터 시도해 본다. 이렇게 조금씩 경험을 쌓아 가며 맡길 수 있는 범위를 넓혀 가면 된다.

# 목적 없는 '자료 작성'에서 벗어나자

일을 '작업'과 '고민'으로 나누고, 내가 직접 하지 않아도 되는 일을 가려내다 보면 한 가지 경향이 보이기 시작한다. 바로 '자료 작성'에 들이는 시간이 지나치게 많다는 점이다.

'기획서를 만든다.'
'보고서를 정리한다.'
'회의용 자료를 준비한다.'
'숫자를 그래프로 만든다.'

정신 차리고 보면 하루의 절반 가까이를 자료 만드는 데 쓰는 날도 있다. 하지만 그 자료, 정말 필요한 걸까?

## '일단 자료부터 만들자'의 함정

많은 직장에서 이런 장면이 일상처럼 반복된다.

'내일 회의에 뭐라도 자료가 필요하지 않을까?'

'일단 지난번 자료를 바탕으로 만들어 두자'

'기왕이면 그래프도 넣어 두자'

'조금 더 보기 좋게 다듬자'

정신 차리고 보면 어느새 2시간이 지나, 그럴듯한 자료가 완성된다. 하지만 회의에서는 '아, 자료 고마워요'라는 말로 끝난다. 이번 자료, 정말 필요했던 걸까? 이 '일단 자료부터 만들기'가 큰 낭비를 만들어 내고 있는 것이다.

자료를 만들기 시작하기 전에 다음 세 가지 질문을 던져 보자.

### 질문 ① 이 자료의 목적은 무엇인가?

'기획 승인을 받기 위해서' '팀의 진행 상황을 공유하기 위해서' '문제점을 공유하기 위해서'처럼 분명한 목적이 있는가? '왠지 필요할 것 같아서' '늘 만들던 거라서'라는 이유라면, 한번 멈춰서 생각해 볼 가치가 있다.

#### 질문 ② 누가, 언제, 어떻게 사용하는가?

이 자료를 누가 보는지, 언제 쓰는지, 어떤 방식으로 활용하는지가 명확한가? '부장이 회의에서 참고한다.' '팀 전원이 향후 지침으로 활용한다.' 이 경우에는 필요한 내용도, 요구되는 자세함도 완전히 달라진다.

#### 질문 ③ 자료가 없다면 정말로 곤란할까?

만약 그 자료가 없다고 해도, 과연 어떤 문제가 생길까? '말로 설명하면 충분하다.' '간단한 설명으로 끝난다.' '애초에 설명 자체가 필요 없다.' 이런 경우도 의외로 많다.

## 보기 좋은 자료의 함정

특히 주의해야 할 것은 '보기 좋게 만드는' 작업이다. 폰트를 맞추고, 색을 조정하고, 레이아웃을 다듬고, 그래프를 예쁘게 만든다. 이런 작업은 겉으로 보기엔 중요해 보인다.

하지만 한번 생각해 보자. 그 자료의 목적은 '보기 좋게 만드는 것'일까? 기획 승인을 받는 것이 목적이라면, 중요한 것은 기획의 내용이다. '문제를 해결하는 것'이 목적이라면 중요한 것은 해결책이다. 겉모양에 1시간을 쓰기보다 내용을 다듬는 데 시간을 쓰는 편이 훨씬 더 가치가 있다.

## 심플해도 충분한 것은 심플하게

자료 작성의 낭비를 줄이는 요령은 '심플해도 충분한 것은 심플하게'다. 글머리표 메모로 전달될 내용을 굳이 슬라이드로 만들 필요는 없다. 한 장의 표로 끝날 일을 10페이지짜리 자료로 만들 필요도 없다. 이것은 '대충 하는 것'이 아니라 적절한 수준을 선택하는 일이다.

## 만들지 않는 것도 하나의 선택지

그리고 가장 중요한 것은 '만들지 않는다.'는 것 역시 하나의 선택지라는 점이다.

'이 회의, 자료 없이 진행할 수 없을까?'
'이 보고, 메일 한 통으로 끝낼 수 없을까?'
'이 설명, 말로 해도 충분하지 않을까?'

이렇게 생각하는 습관을 들여 보자. 자료 작성에 쓰던 시간을 정말로 가치 있는 일에 쓸 수 있게 된다.

내일 자료를 만들기 시작하기 전에 이 세 가지 질문을 꼭 떠올려 보자. 분명 새로운 선택지가 보이기 시작할 것이다.

# '왠지 모르게' 하는 업무의 정체를 꿰뚫어 보자

자료 작성의 낭비를 찾아낼 수 있게 되면, 이번에는 또 다른 낭비가 눈에 들어오기 시작한다. 그것은 바로 '왠지 모르게' 하고 있는 업무다. 분명한 목적을 갖고 시작한 일이 아닌데도, 어느새 매일의 습관처럼 굳어 버린다. 그런 작업이 당신의 하루에 몇 개나 숨어 있을까?

## '왠지 모르게' 하는 업무의 정체

이런 업무에는 다음과 같은 특징이 있다.

- 언제부터 시작했는지 기억나지 않는다.
- 왜 하고 있는지 설명하기 어렵다.
- 그만둬도 딱히 곤란할 것 같지 않은데, 계속하고 있다.
- 다른 사람들도 하니까, 왠지 모르게 이어서 하고 있다.

예를 들어 다음과 같은 업무가 떠오르지 않는가?

- 매일 아침, 업계 뉴스 사이트를 확인한다.
- 회의가 끝나면 반드시 회의록을 전원에게 메일로 보낸다.
- 주말에 다음 주 일정을 자세히 정리한다.
- 새 프로젝트가 시작되면 반드시 관계자 전원에게 인사 메일을 보낸다.

어느 것 하나 '보기에'는 해야 할 일처럼 보인다. 하지만 다시 한 번 생각해 보자. 정말로 필요한 일일까?

## '하면 좋을 일'이라는 착각

'왠지 모르게' 하는 업무가 늘어나는 가장 큰 이유는 '하면 좋을 일'과 '반드시 해야 할 일'을 구분하지 못하기 때문이다. 업계 뉴스를 확인하는 일은 분명 하면 좋은 일이다. 하지만 매일 아침 다섯 개 사이트를 반드시 확인해야 할까?

회의록을 공유하는 것도 하면 좋은 일이다. 하지만 관련 없는 사람까지 포함해 전원에게 보내는 것이 정말로 해야 할 일일까? 이 구분이 되지 않으면 '하면 좋을 일'이 점점 '해야 할 일'로 바뀌어 간다.

'왠지 모르게' 하는 업무인지 확인하는 가장 확실한 방법은 '그만둬도 곤란하지 않은지' 시험해 보는 것이다. 영향이 작은 업무부터 일주일만 멈춰 보자.

예를 들어 '매일 아침 뉴스 체크'라면, 일주일 정도 그만두어 보고 업무에 실제로 어떤 지장이 생기는지 확인해 보자. 또 '회의 후 메일 발송'이라면 한 번만 생략해 보고, 누군가에게서 '메일이 없어요'라는 말을 듣게 되는지 살펴보면 된다. 대부분의 경우, 아무 문제도 일어나지 않는다. 그렇다면 그것이 바로 '왠지 모르게 계속하고 있던 업무'라는 증거다.

특히 주의해야 할 것은 5분 정도면 끝나는 작은 업무들이다. '고작 5분이니까' 하고 가볍게 넘기기 쉽지만, 이런 일이 매일 반복되면 1년으로 환산했을 때 약 30시간에 이른다. 예를 들어 매일 아침 전날의 매출 수치를 확인하는 일, 회의 때마다 회의실 책상을 닦는 일, 매일 특정 파일을 백업하는 일 등이 그렇다.

이처럼 사소한 업무일수록, 한 번쯤은 '이걸 그만둬도 정말 문제가 없을까?'라고 스스로에게 물어볼 가치가 있다.

# '이거, 정말 필요한가?'를 입버릇처럼 하자

쓸데없는 일을 지속적으로 줄여 나가기 위해 가장 중요한 것은, 당연하게 여겨온 것들을 의심하는 힘이다. 그래서 지금까지 여러 가지 질문을 던져왔다. 이 질문을, 어떤 행동을 하기 전에 스스로에게 던져보라는 것이다.

## '필요함'의 기준을 분명히 하자

스스로에게 질문을 던져야 할 타이밍은, 행동에 옮기기 바로 직전이다. 자료를 만들기 시작하기 전에, '이 자료, 정말 필요한가?' 폴더 정리를 시작하기 전에 '이 정리 작업, 정말 필요한가?'라고 질문을 던지자. 행동에 옮긴 뒤에는 늦다.

시작하기 전의 '잠깐 멈춤'이 중요하다. 다만 '필요한가?'라고 물어도 기준이 모호하면 판단에 망설임이 생긴다. 그럴 때 이런 기준을 사용해 보자.

'오늘 안에 할 필요가 있는가?'

'언젠가 하면 좋은 일'과 '오늘 해야 할 일'은 다르다. 오늘이 아니어도 문제가 없다면, 하루 미뤄보자.

'이걸 하지 않으면, 누가 곤란해질까?'

자기 안심을 위해서가 아니라, 정말로 누군가에게 도움이 되는 일인지 생각해 보자.

'이 시간을 다른 데 쓰면, 더 가치 있지 않을까?'

한정된 시간을 어떻게 쓰느냐는 선택이다. 지금 하려는 일보다 더 중요한 일이 있을지도 모른다.

## '질문하는 것'을 습관으로 만들기

'이거, 정말 필요한가?'라고 묻기 시작하면 '사실 필요 없을지도'라고 느끼는 일이 의외로 많이 보이기 시작한다.

하지만 처음부터 전부를 그만두는 건 용기가 필요하다. 그럴 때는 '오늘만 그만두기'부터 시작해 보자.

'오늘은 이 파일 정리를 하지 말아보자'

'오늘은 이 확인 작업을 생략해 보자'

'오늘은 이 정기 메일을 보내지 말아보자'

하루 쉬어봤는데도 아무 문제가 생기지 않는다면, 그것은 정말로 필요 없었다는 증거다. 그런데 '이거, 정말 필요한가?'를 습관으로 만드는 요령은 처음에는 의식적으로 떠올리는 것이다.

스마트폰 알림으로 설정해도 좋고, 책상에 포스트잇을 붙여도 괜찮다. 일주일만 계속하면 자연스럽게 머리에 떠오르게 된다.

한 달을 이어가면 행동에 옮기기 전에 자동으로 스스로에게 묻게 된다.

# 03

## ‘AI에게 맡길 일’과 ‘사람이 해야 할 일’의 올바른 경계

당신을 편하게 만드는 '내려놓는 힘'

## 처음에 맡겨야 할 것은 '고민하는 일'이다

1장에서는 '고민'은 사람이 해야 할 영역이라고 말했다. 확실히 최종적인 판단과 창조는 인간만이 할 수 있다. 하지만 '고민하는' 과정을 자세히 들여다보면, 실제로는 다음의 두 부분으로 나뉜다는 것을 알 수 있다.

**① 고민하기 위한 재료를 모으는 부분**

- 어떤 성취감이 있는지 조사한다.
- 과거 사례를 찾는다.
- 경쟁사 정보를 정리한다.
- 데이터를 정리한다.

**② 모은 재료를 바탕으로 판단하는 부분**

- 어떤 선택지가 최적인지 결정한다.
- 리스크와 이점을 비교한다.
- 회사 방침에 맞는지 판단한다.

이 가운데 ①의 '재료를 모으는 부분'은, 사실 AI를 든든한 파트너로 활용해 맡길 수 있는 영역이다.

## 고민하기 전에 AI에게 먼저 물어보자

많은 사람이 고민이 필요한 일에 시간이 오래 걸리는 이유는, 모든 것을 혼자서 하려고 하기 때문이다. '신상품 아이디어를 생각해야 한다.'고 느낄 때, 곧바로 '어떤 상품이 좋을까?'라고 고민하기 시작한다. 하지만 먼저 '어떤 아이디어의 관점이 있는지' '다른 회사들은 어떤 상품을 내놓고 있는지' '고객의 목소리에는 어떤 것들이 있는지'라는 재료를 모은 뒤에 생각하는 편이 훨씬 효율적이다. AI가 잘하는 것 가운데 하나가, 사실 이 '재료를 모으는 부분'이다. 이처럼 요청하면 AI는 짧은 시간 안에 다양한 관점과 정보를 제시해준다.

- 신상품 아이디어를 10개 알려줘
- 경쟁사의 상품 특징을 정리해 줘
- 이 기획의 논점을 정리해 줘
- 고객이 중요하게 여기는 포인트를 세 가지 뽑아줘

## AI를 쓰면 고민하는 시간이 '고르는 시간'으로 바뀐다

재료 모으기를 AI에게 맡기면, 당신의 '고민하는 시간'을 쓰는 방식이 달라진다.

**지금까지는**

제로에서 생각한다. → 아이디어가 떠오르지 않아 고민한다. → 시간에 쫓겨 타협안을 고른다.

**이제부터는**

AI에게 재료 수집을 맡긴다. → 제시된 선택지를 비교 · 검토한다. → 최적안을 골라 개선한다.

같은 시간을 들이더라도, 훨씬 더 질 높은 결과를 얻을 수 있게 된다. 예를 들어 '고객용 기획서의 구성을 고민할 때'를 살펴보자.

**혼자 고민할 때**

어떤 구성으로 할까 → 우선 회사 소개부터? → 아니면 문제 제기부터? → 이런저런 생각을 하다 보면, 어느새 시간이 지나간다.

**AI와 함께 고민할 때**

고객용 기획서의 구성 패턴을 다섯 가지 알려줘 → AI가 다섯 가지 구성 예시를 제시한다. → 이 가운데 고객에게 가장 적합한 것은 무엇일까? → 선택한 구성을 고객에 맞게 조정한다.

후자의 방식이 짧은 시간 안에 더 나은 구성을 만들 수 있다. 많은 사람이 깨닫지 못하는 점은, '고민의 출발점'에서 시간을 낭비하고 있다는 사실이다.

'무엇부터 생각해야 할까?'
'어떤 관점이 있을까?'
'어디서부터 손대야 할까?'

'출발점에서 헤매는 시간'을 AI에게 맡기면, 시간을 대폭 줄일 수 있다.

# '무엇이든 AI'는 실패의 원인이다

AI의 강점을 이해하다 보면 '이제는 뭐든 맡길 수 있을 것 같다.'는 기분이 들지도 모른다. 하지만 이런 생각 방식이야말로 AI 활용에서 실패하는 가장 큰 원인이다.

AI를 쓰기 시작한 사람들이 흔히 빠지는 함정은 'AI를 만능 도구라고 착각하는 것'이다. 그러나 실제로 AI에도 한계는 있다. 기대를 지나치게 걸면, 반드시 실망하게 된다.

## '무엇이든 AI'에서 생기는 문제

AI에게 모든 것을 맡기려 하면, 다음과 같은 문제들이 발생한다.

### ① 엉뚱한 답변에 짜증이 난다.

AI가 서툰 분야에 질문하면 기대한 답이 돌아오지 않는다. 그러면 '쓸모없잖아'라고 느끼며 AI 활용 자체를 그만두게 된다.

### ② 중요한 판단을 잘못 내린다.

AI의 제안을 그대로 믿어 자신의 회사 사정에 맞지 않는 판단을 내릴 위험이 있다.

### ③ 오히려 시간이 더 걸린다.

AI가 잘하지 못하는 작업을 무리하게 맡기면 기대한 결과를 얻지 못해 결국 스스로 다시 하게 된다.

## 적절한 기대치를 설정한다

AI 활용에서 성공하는 요령은 적절한 기대치를 설정하는 것이다. AI는 '마법의 지팡이'가 아니다. '과하게 기대하지 말고 참고서 정도로 생각해 두는 것'이 가장 적절하다. '완벽한 답'을 기대하기보다는, '생각의 계기'나 '작업을 돕는 도움' 정도로 사용해 보자.

# 사람이 해야 할 일은 '정리'와 '정밀 검토'다

AI의 특성을 이해하고 적절한 기대치를 설정할 수 있게 되면, 그다음으로 중요해지는 것이 '사람의 역할'이다. AI가 재료를 모아주었다면, 이제는 사람이 나설 차례다. 하지만 구체적으로 무엇을 하면 될까?

답은 '정리'와 '정밀 검토'다.

AI가 돌려준 정보와 제안을 자신의 목적에 맞게 정리하는 것이다. AI는 분명 많은 정보를 제공해 준다. 하지만 그 정보가 반드시 당신이 쓰기 쉬운 형태로 정리되어 있는 것은 아니다.

## 정리의 구체적인 방법

AI로부터 받은 정보를 정리할 때는, 다음의 관점으로 나누어 보자.

**① 우선순위로 나눈다.**

- 지금 바로 해야 할 것
- 시간을 들여 검토할 것
- 나중으로 미뤄도 되는 것

**② 실현 가능성으로 나눈다.**

- 준비가 필요한 것
- 어려운 것

**③ 영향도로 나눈다.**

- 큰 효과를 기대할 수 있는 것
- 작지만 확실한 효과가 있는 것
- 효과가 불분명한 것

**④ 자사 상황으로 나눈다.**

- 우리 회사에 맞는 것

- 일부 수정하면 사용할 수 있는 것
- 우리 회사에는 맞지 않는 것

## '정밀 검토'란 무엇인가?

'정밀 검토'란 AI로부터 얻은 정보의 정확성과 타당성을 확인하는 것이다. AI는 편리하지만 잘못된 정보를 제시하는 경우도 있다. 또한 정보가 오래되었거나, 자신의 회사나 업계의 상황에 맞지 않을 수도 있다. 그렇기 때문에 사람에 의한 '정밀 검토'는 필수적이다. 정밀 검토의 구체적인 체크 포인트는 다음과 같다.

**① 사실 확인**

- 이 수치는 정확한가?
- 이 데이터는 실제로 존재하는가?
- 이 법률은 현재도 유효한가?

**② 업계 적합성**

- 이 방법은 우리 업계에서도 통할까?
- 업계 특유의 사정이 고려되어 있는가?

### ③ 시기의 타당성

- 이 정보는 어느 시점의 것인가?
- 현재 상황에 맞는가?

### ④ 실현 가능성

- 현실적으로 실행할 수 있는 방법인가?
- 필요한 자원은 확보할 수 있는가?

### ⑤ 리스크 평가

- 예상되는 리스크는 무엇인가?
- 실패했을 경우의 영향은 어느 정도인가?

# 시간 단축의 효과를 체감할 수 있는 간단한 사용법

AI 활용에서 가장 중요한 것은 처음에 '확실한 성공 경험'을 쌓는 것이다. 우선은 작더라도 확실하게 효과를 느낄 수 있는 사용법부터 시작해 보자. 10분 걸리던 작업이 3분으로 줄었다. 그것만으로도 충분히 훌륭한 성공이다.

## '지금 당장 할 수 있는' 세 가지 활용법

효과를 체감하기 쉬운 AI 활용으로, 다음 세 가지부터 시작해 보자.

### ① 골치 아픈 순서 정리를 상담한다.

'무엇부터 말해야 할지 모르겠다.' '어떤 순서로 진행하는 게 최선인지 헷갈린다.' 그럴 때 AI는 제 역할을 발휘한다. 예를 들어, '고객에게 설명할 때 상품의 특징, 가격, 도입 사례, 지원 체계 등 말하고 싶은 건 많은데 어떤 순서가 효과적인지 모르겠다.'는 경우다. '고객에게 상품을 설명할 때의 이야기 순서를 제안해 줘'라고 AI에게 상담해보자.

### ② 복잡한 상황 정리를 도와달라고 한다.

머릿속이 뒤죽박죽이 되어 무엇이 문제인지 정리되지 않을 때가 있다. 그런 혼란스러운 상태일수록 AI가 필요하다. 떠오르는 대로 상황을 AI에게 설명하고 '이 상황을 정리해서 우선순위를 매겨줘'라고 부탁하기만 하면 된다.

### ③ 판단 재료 비교표를 만들어 달라고 한다.

'A와 B의 비교표를 만들어줘' '여러 선택지의 장단점을 비교해줘' 이럴 때도 표 작성은 AI의 강점이다. 선택지와 판단 기준을 AI에게 전달한 뒤 '비교표를 만들어줘'라고 요청해 보자.

## 채팅을 시작할 때의 마법 같은 한마디

어떤 작업을 AI에게 맡길 때, 효과적인 '마법 같은 한마디'가 있다.

'초안 만들어줘'

이 한마디다. 이 '한마디'를 덧붙이기만 해도 AI에게 내리는 지시가 훨씬 능숙해진다. 처음에는 '10분이면 끝나는 작업'부터 시작해 보자. 10분짜리라면 설령 실패하더라도 큰 손해는 아니다. 그리고 잘만 되면 5분이나 3분으로 줄일 수도 있다.

## AI 사용에 죄책감을 갖지 않고 '가치로 판단하는' 일하는 방식으로

실제로 AI를 사용하기 시작하면 문득 마음속에 떠오르는 감정이 있다.

'이렇게 편하게 하면 괜히 얄미워 보이지 않을까?'

'동료들은 묵묵히 열심히 일하고 있는데, 나만 AI를 써서 편해져도 괜찮을까?'

'상사에게 대충 일하는 사람으로 보이지 않을까?'

이런 불안을 느끼는 사람이 적지 않다. 하지만 한 번 더 생각해 보자. 오랫동안 '열심히 하는 것'을 미덕으로 여기는 문화 속에서 자라왔으니, 새로운 일하는 방식에 당혹감을 느끼는 것은 어쩌면 당연한 일이다.

## AI를 사용함으로써 얻은 시간

당신은 AI를 써서 줄어든 시간으로 무엇을 하고 있는가? 게임을 하며 놀고 있는 것이 아니라, 분명 더 가치 있는 일에 시간을 쓰고 있을 것이다. 예를 들어, '자료 형식 정리에 쓰던 30분을 고객을 더 깊이 생각하는 시간으로 바꾸고 있다.' '제안을 고민하는 시간을 더 가치가 높은 일에 집중하고 있다.' 이렇듯, 실제로는 더 가치가 높은 일에 집중하고 있는 것이다.

## 얼마나 가치를 만들어냈는지가 평가되는 시대

AI 활용의 본질은 노력을 멈추는 것이 아니라, 노력의 방향을 바꾸는 것이다. 지금까지는 작업에도 고민에도 똑같이 시간을 쏟았다면, 이제부터는 작업은 AI에게 맡기고 고민에 집중해 시간을 쏟는다. 둘 다 노력하고 있다는 사실은 변함없고, 다만 노력을 쏟는 장소가 바뀌었을 뿐이다.

이제부터의 시대는 '얼마나 노력을 들였는가'가 아니라 '얼마나 가치를 만들어냈는가'로 평가받는 시대다. 그 가치를 효율적으로 만들어내기 위해 AI라는 파트너와의 협업은 더 이상 빠질 수 없는 요소가 되었다.

여기까지 배운 역할 분담에 대한 지식은 당신이 AI와 대등한 파트너로 함께하기 위한 기초다. AI를 활용하는 데 죄책감을 가질 필요는 전혀 없다. 당신은 일을 대충 하고 있는 것이 아니라 시대에 맞는 효율적인 일하는 방식을 선택하고 있을 뿐이다.

하지만 이론을 이해하는 것만으로는 의미가 없다. 중요한 것은 앞으로의 AI 활용을 '일시적인 시도'로 끝내지 않고 매일의 업무 흐름 속에 자연스럽게 녹여 넣는 것이다.

다음 장에서는 AI 활용을 무리 없이 습관화하고 당신의 일상 속에 스며들게 만들기 위한 구체적인 요령을 함께 배워보자.

# 04

# AI를 '쓰고 끝내지 않는' 습관 기술

매일의 흐름 속에 자연스럽게 녹여 넣는 요령

# AI 활용은 '하면서 하는 습관'에서 시작한다

AI 활용을 실제로 시험해 본 당신은, 분명히 편리하다는 감각을 느끼고 있을 것이다. 하지만 동시에 이런 고민도 생기지 않는가?

'효과는 느끼지만, 사용하는 타이밍을 잊어버린다.'
'바쁜 날에는 결국 쓰지 못한 채로 끝난다.'

AI 활용의 효과를 체감하더라도, 그것을 지속적인 습관으로 정착시키는 일은 또 다른 과제다.

## '떠올려서 쓰는 것'에서 '자연스럽게 쓰는 것'으로 전환하자

AI를 습관화하는 데 있어 가장 중요한 포인트는, '떠올려서 사용하는 상태'에서 '자연스럽게 사용하는 상태'로의 전환이다. 이 전환을 실현하는 것이 '하면서 하는 습관'이다.

새로운 행동 패턴을 외우는 것이 아니라, 기존의 행동 패턴 속에 AI 활용을 자연스럽게 끼워 넣는 것이다.

'작업의 흐름' 속에 AI를 넣을 수 있는 세가지 타이밍을 소개한다.

### ① 작업을 시작하기 전 '구상 단계'

'이 기획, 어떻게 생각해?'처럼 AI에게 '초안'을 만들어 달라고 생각하는 순간이, AI와 상담하기에 가장 좋은 타이밍이다. 제로에서부터 고민하는 시간을 줄일 수 있다.

### ② 작업 중 '막히는 순간'

'이 표현으로 전달될까?' 하고 손이 멈춘 순간 역시 AI 활용의 기회다. AI에게 '이 부분을 좀 더 이해하기 쉽게'라고 상담해 보자.

### ③ 작업 종료 전 '최종 체크'

메일이나 자료가 완성되면, 보내기 전에 AI에게 확인받는 습관을 들여보자.

## '세트 행동'으로 자동화하자

습관화를 가속하는 효과적인 방법이 '세트 행동'이다.

예를 들면, 다음과 같이 평소 반드시 하는 행동과 AI 활용을 하나로 묶어 두면, 의식하지 않아도 자연스럽게 습관이 된다.

'메일 프로그램을 열면 AI도 함께 연다.'

'새 자료 파일을 만들면 먼저 AI에게 구성을 상담한다.'

습관화에서 중요한 것은 '완벽을 지속하는 것'을 목표로 하지 않는 것이다. 습관이란 '매일 반드시 하는 것'이 아니라, '자연스럽게 하고 싶어지는 것'이다. 100일 중 60일만 해도 충분한 성과다.

내일부터 한 가지 작업에서 '세트 행동'을 시도해 보자. 예를 들어, '메일을 쓸 때는 반드시 AI에게 상담한다.' 같은 것이다. 무언가 하나만으로도 충분하다. 그 하나가 자연스럽게 몸에 배면, 또 다른 작업으로 넓혀 가면 된다.

# 작은 규칙화로 망설이지 않고 사용할 수 있게 된다

'세트 행동'으로 AI 활용을 습관화하기 시작하면, 새로운 과제가 보이기 시작한다. 'AI에게 상담하는 것 자체가 습관이 되면, 매번 어떤 식으로 질문해야 할지 고민하게 된다.'는 상황이다.

메일 상담을 하려고 해도 '이번에는 어디를 물어보면 좋을까?' 하고 5분을 고민하게 된다. 자료 구성을 맡기고 싶어도 '지난번과는 다른 방식으로 묻는 게 좋을까?' 하고 망설이게 된다. 이렇게 되면, 어렵게 AI 활용이 습관이 되더라도 질문을 생각하는 시간 때문에 효율 향상의 효과가 상쇄되고 만다.

## '질문 템플릿'으로 고민을 해소하자

이 고민을 해결하는 가장 효과적인 방법은 자주 사용하는 상황별로 '질문 템플릿'을 만들어두는 것이다. 템플릿이란, 빈칸을 채우는 형식의 질문 패턴을 말한다. 매번 처음부터 질문을 생각하는 대신 정해진 틀에 구체적인 내용을 대입하기만 하면 질문이 완성된다.

예를 들어 메일 작성 상황이라면 다음과 같이 지시해 보자.

'이 문장을 ○○한 상대에게, ○○한 목적을 가지고 보내고 싶으니, ○○한 느낌으로 조정해 줘'

○○한 느낌 부분에 '정중함' '급한 상황' '초면' 같은 정보를 넣기만 해도 그 상황에 맞는 질문을 만들 수 있다.

## 상황별 템플릿 만드는 방법

효과적인 템플릿을 만드는 요령은 자신이 자주 사용하는 상황을 서너 가지 정도 골라 각각에 맞는 전용 템플릿을 만들어두는 것이다.

### ① 문장 작성 · 조정에 대한 상담

이 문장을 ○○한 인상이 나도록 조정해 줘

② 구성 · 순서에 대한 상담

○○에 대해 ○○에게 설명하기 위해 ○○한 순서로 정리해 줘

③ 아이디어 · 선택지에 대한 상담

○○와 관련된 정보 중에서 ○○개의 아이디어를 제안해 줘

이 3가지 템플릿만 있어도 일상적인 AI 활용의 80%는 커버할 수 있다.

## 템플릿을 레벨업하는 다섯 가지 요령

기본적인 템플릿에 익숙해졌다면 다음 다섯 가지 요령을 더함으로써 AI로부터 더 정확하고 실용적인 답변을 얻을 수 있게 된다.

① 입장을 명확히 한다.

'○○의 입장에서 생각해서' 이 한마디만 더해도 답변의 질이 크게 향상된다.

- 기본형: '이 기획서를 알기 쉽게 정리해 줘'

• 레벨업 버전: '이 기획서를 바쁜 부장의 입장에서 읽고 알기 쉽게 정리해 줘'

**② '절차'를 제시해 달라고 한다.**

'단계별로 나눠서' 이 지시를 덧붙이면 실행하기 쉬운 형태의 답변을 얻을 수 있다.

**③ '제약 조건'을 전달한다.**

'시간'이나 '글자 수' 같은 제약을 전달하면, 현실적인 제안을 받을 수 있다.

**④ '구체적인 예시'를 요구한다.**

예를 들어 '구체적으로'라는 말을 덧붙이면, 추상적이지 않은 실용적인 답변을 얻을 수 있다.

**⑤ '체크 포인트'로 확인한다.**

마지막으로 '확인해야 할 점'을 묻는 것으로, 완성도 높은 결과물을 만들 수 있다.

템플릿을 만들 때는, 당신이 가장 자주 사용하는 상황을 딱 하나만 고르고, 거기서부터 시작하는 것을 권한다.

- 자료 구성
- 메일 작성
- 회의 준비

이 가운데, 어느 것이 가장 AI에게 상담하는 빈도가 높을까? 그 상황의 템플릿 하나를 완성하는 데 집중해 보자. 하나의 템플릿에 익숙해져 자연스럽게 쓸 수 있게 되면, 다음 상황의 템플릿을 만든다.

이처럼 단계적으로 접근하는 편이 결과적으로 더 잘 정착된다. '일단 이런 느낌으로 물어보자'라는 가벼운 시도부터 시작해 보자.

# 프롬프트는 '하나만' 정하면 된다

다양한 프롬프트, AI에게 지시하는 테크닉을 배운 당신은 '이건 쓸 수 있을 것 같아' '저것도 한번 써보고 싶어'라는 마음이 들었을지도 모른다.

하지만 실제로 일상 업무에 쓰기 시작하면, 새로운 문제가 생긴다. '매번 어떤 걸 써야 할지 고민하게 된다.'라는 상태다.

어느새 테크닉을 고르는 데만 5분, 10분이 지나가 버리고, 결국 '평소 쓰던 심플한 질문 방식으로 하자'로 돌아가기 쉽다. 이 문제를 해결하는 가장 효과적인 방법은, 배운 테크닉 가운데 '메인으로 쓸 하나'를 정하는 것이다. 모든 테크닉을 매번 쓰려고 하는 것이 아니라, '평소에는 이 패턴'이라는 기준을 정해 두는 것이다.

예를 들어 '입장을 명확히 한다.'라는 테크닉이 자신에게 가장 효과적이라고 느꼈다면, 그것을 '메인 패턴'으로 설정한다. 일상적인 AI 활용에서는 기본적으로 이 패턴만 사용한다.

'이 자료를 ㅇㅇ의 입장에서 읽고, ㅇㅇ해 줘'

이처럼 단순한 패턴을 축으로 삼고, 정말 필요할 때만 다른 테크닉을 추가하는 것이다. 이런 구분 사용이 실용적인 AI 활용의 핵심이다.

## 80%는 기본, 20%로 응용하는 법칙

프로 셰프라도 일상적으로 사용하는 조리법은 의외로 단순하다. 기본 기술을 80%의 상황에서 사용하고, 특별한 요리일 때만 고급 기술을 쓴다. AI 활용에서도 같은 법칙이 효과적이다.

**전체 업무의 80%는 하나의 메인 패턴으로 대응한다.**

- 일상적인 이메일 작성
- 정기 자료 작성
- 일반적인 회의 준비

**나머지 20%는 상황에서는 고급 테크닉을 조합한다.**

- 중요한 프레젠테이션 자료
- 신규 기획 검토
- 복잡한 문제 분석

이 구분을 할 수 있게 되면, AI 활용은 한층 더 실무적으로 바뀐다.

## 나만의 '메인 패턴'을 찾자

배운 테크닉 가운데서, 자신에게 가장 잘 맞는 '메인 패턴'을 찾기 위해 다음 세 가지 기준을 살펴보자.

### ① 가장 사용 빈도가 높은 상황은 무엇인가?

하루 중에서 자신이 가장 자주 사용하는 AI 활용 장면을 떠올려 보자. 그 상황에서 가장 효과가 있었던 테크닉을 고른다.

### ② 가장 자연스럽게 쓸 수 있는 것은 무엇인가?

외우기 쉽고, 망설이지 않고 사용할 수 있는 테크닉은 무엇일까? 말로 자연스럽게 꺼낼 수 있는 패턴을 선택하자.

### ③ 가장 효과를 실감했던 것은 무엇인가?

실제로 사용해 보고 '이건 답을 얻었다.'고 느꼈던 테크닉은 무엇일까? 효과를 체감할 수 있는 것이 곧 계속하기 쉬운 패턴이다.

## '하나만' 고집해야 하는 세 가지 이유

'기껏 여러 가지 테크닉을 익혔는데' '하나만 쓰는 건 아깝다'라고 생각할 수도 있다. 하지만 실제로는 '하나만'으로 좁히는 편이 더 효과적이다.

### ① 망설이는 시간이 극적으로 줄어든다.

여러 테크닉이 있으면 '이번에는 뭘 써야 하지?' 하고 매번 고민하게 된다. 메인 패턴이 하나만 있으면, 고민할 필요가 없다.

### ② 실력 향상 속도가 눈에 띄게 빨라진다.

같은 패턴을 반복해서 사용하면, 그 패턴에서의 '요령'을 빠르게 익힐 수 있다.

### ③ 응용력이 자연스럽게 자란다.

하나의 패턴에 익숙해지면 '이번에는 조금 다른 방식으로 물어볼까' 같은 응용이 자연스럽게 가능해진다.

배운 테크닉 가운데에서 자신의 메인 패턴을 하나 정해보자. '어느 것이 가장 나에게 잘 맞을 것 같을까?'라는 감각으로 골라도 괜찮다. 그렇게 정한 단순한 메인 패턴이야말로, 당신의 AI 활용 역량을 비약적으로 끌어올리는 기반이 된다.

# AI에게 길러진다는 마음으로 사용해 본다

메인 패턴을 정해 일상적으로 AI 활용을 이어가다 보면, 어느 날 문득 깨닫는 순간이 있다. 'AI에게 질문하고 있다고 생각했지만, 사실은 내가 더 배우고 있구나'라는 감각이다. AI의 답변을 보며 '이런 관점도 있구나' 하고 깨닫기도 하고, '나는 무엇을 원하고 있었던 거지?' 하고 목적이 분명해지기도 하며, 질문을 고민하는 과정에서 '애초에 문제는 무엇인가'가 정리되어 간다. 그러다 보면, AI를 사용하는 것만으로도 자신의 사고력과 판단력이 향상되고 있음을 알게 된다.

## '가르치는' 쪽에서, '배우는' 쪽으로 의식을 전환하자

많은 사람은 처음에 다음과 같이 생각하게 된다.

'AI에게 정확하게 지시를 내리지 않으면'

'AI를 능숙하게 컨트롤하지 않으면'

하지만 AI와 대화를 주고받는 과정을 반복하다 보면, 이 관계는 자연스럽게 달라지기 시작한다. AI의 예상 밖 제안에 '아, 그런 생각 방식도 있구나' 하고 깨닫게 되기도 하고, AI의 질문에 답하는 과정에서 '내 생각이 정리됐구나'라고 느끼기도 하며, 어느새 AI가 '무언가를 가르쳐 주고 있다.'는 감각이 생겨난다.

특히 흥미로운 점은, AI에게 질문을 던지는 과정에서 자기 자신의 생각이 또렷해진다는 것이다. '이 기획을 어떻게 진행하면 좋을지 상담하고 싶다.'라고 AI에게 말을 걸려고 하는 순간, '애초에 이 기획의 목적이 뭐였지?' '어떤 결과를 기대하고 있었지?'라고 스스로에게 묻게 된다.

AI에게 설명하기 위해 정보를 정리하다 보면, 머릿속에서 따로 놀던 요소들이 이어지면서 '어라, 사실 나는 이렇게 생각하고 있었구나' 하고 깨닫는 순간이 있다. 이는 AI 활용이 지닌 숨은 효과 중 하나다.

## '예상 밖의 답변'에서 새로운 배움을 얻는다

AI를 계속 사용하다 보면, 때때로 '어? 이런 답이 돌아온다고?' 싶은 뜻밖의 답변을 마주하게 된다. 처음에는 '내가 기대한 답이 아닌데'라고 느낄 수도 있다. 하지만 그 예상 밖의 답변이야말로 새로운 배움의 보고다.

'왜 AI는 이런 답변을 했을까?'

이렇게 생각해 보면, 스스로는 미처 알아차리지 못했던 관점이나 놓치고 있던 요소를 발견하게 되는 경우가 있다. 예상 밖의 답변을 '배움의 계기'로 받아들이면, 사고의 폭은 분명히 넓어진다. 이런 시각으로 AI 활용을 이어가다 보면, 단순한 시간 절약 도구를 넘어서는 가치를 느끼게 된다.

'오늘은 AI와의 대화에서 이런 깨달음이 있었다.'
'이 질문을 하니 내 생각이 깔끔하게 정리됐다.'
'예상하지 못한 답변에서 새로운 아이디어가 떠올랐다.'

이런 작은 발견과 성장을 즐기면서 AI 활용을 계속해 보자. 당신과 AI의 관계는 단순한 도구와 사용자의 관계에서, 함께 배우는 파트너의 관계로 변화해 간다. 그리고 바로 그 변화가 AI 활용을 오래 지속하게 만드는 가장 강력한 원동력이 된다.

## 오류도 망설임도 '익숙해짐'으로 넘어선다

메인 패턴을 정하고, AI와의 대화를 통해 배움을 얻는 관계까지 만들어졌다고 해도, AI 활용을 습관으로 이어가다 보면 피할 수 없는 '벽'에 부딪히게 된다.

'처음에는 즐거웠지만 점점 질리기 시작했다.'
'오늘은 바빠서 AI를 쓸 여유가 없었다.'
'1주일 동안 쓰지 않는 날이 이어져서 다시 시작할 계기를 잡지 못했다.'

이러한 '습관의 중단'이나 '지속에 대한 망설임'은 아무리 순조롭게 시작한 사람이라도 반드시 겪게 된다. 그러나 이 벽을 넘어설 수 있을 때, AI 활용은 비로소 진정한 의미에서 '당연한 습관'으로 자리 잡게 된다.

## 습관화의 '세 가지 법칙'

습관화 연구에서는 '3의 법칙'이라는 현상이 알려져 있다. 3일간 계속하면 습관이 되고, 3주간 계속하면 습관이 정착되며, 3개월을 지속하면 결과가 나온다고 한다.

AI 활용에서도 마찬가지 일이 일어난다. 처음 1주에서 2주 동안은 'AI는 정말 대단하다.'라는 발견이 이어지며, 사용하는 것이 즐겁게 느껴진다. 그러나 3주차쯤이 되면 하나의 패턴으로 질문하게 되고, 늘 비슷한 답변이 돌아오는 것처럼 느껴지기 시작한다. 그 결과 익숙해짐이 생기고, 신선함이 옅어지게 된다.

'오늘은 바쁘니까 AI를 쓰지 않아도 되지 않을까'
'이 정도라면 직접 생각하는 편이 더 빠르지 않을까'

이처럼 사용을 줄이려는 마음이 생기기 쉬워진다.

## '사용하지 않은 날'이 있어도 자신을 자책하지 않는다

이 3주간의 벽을 넘는 요령은 '사용하지 않은 날이 있어도 자신을 자책하지 않는 것'이다. '어제는 AI를 사용하는 걸 잊었다.' '오늘은 바빠서 결국 한 번도 사용하지 못했다.' 그럴 때 '나는 안 된다.'며 자기비판을 해버리면, AI 활용에서 멀어지게 된다.

하지만 한번 생각해 보자. 이를 닦지 않은 날이 하루 있었다고 해서 '이제 양치는 그만두자'고 생각하지는 않는다. AI 활용도 마찬가지다. 그것은 습관화 과정의 일부다. 완벽한 지속을 요구하지 말고, '내일부터 다시 써보자'는 마음을 유지하는 것이 중요하다.

## '매너리즘'을 깨는 세 가지 방법

습관화가 진행되면, 이번에는 '매너리즘'이라는 새로운 과제가 생긴다. 같은 패턴으로 질문하고, 비슷한 답변을 받는 데 너무 익숙해져 자극이 사라져 버리는 것이다.

그럴 때 매너리즘을 깨는 방법을 세 가지 소개한다.

### ① 평소와 다른 장면에서 사용해 본다.

평소에는 자료 작성에 사용하고 있다면, 이번에는 회의 준비에 사용해 본다. 새로운 장면에서 사용함으로써 신선한 발견이 생긴다.

### ② 평소와 다른 질문 방식을 시도한다.

메인 패턴에 익숙해지면, 가끔은 고급 테크닉을 하나 추가해 본다. 작은 변화만으로도 AI의 답변에 새로운 요소가 더해진다.

### ③ AI에게서 오는 역질문을 즐긴다.

AI에게 '이 건과 관련해, 그 밖에 확인해두는 게 좋을 점이 있을까?'라고 물어본다. AI의 역질문에 답하는 과정에서, 평소와는 다른 각도에서 생각할 수 있게 된다.

## 익숙해짐은 최고의 습관화 기술

결국 습관을 지속하게 만드는 가장 강력한 기술은 '익숙해짐'이다. 고급 기술을 익히는 것도, 완벽한 스케줄을 만드는 것도 중요하지만, 그보다 더 중요한 것은 '익숙해지는 것'이다.

중단이 있어도 자연스럽게 다시 돌아올 수 있다. 매너리즘을 느껴도, 궁리하며 극복할 수 있다. 그리고 무엇보다, 익숙해지면 AI를 활용하지 않는 자기 자신에게 오히려 위화감을 느끼게 된다.

지금 당신이 AI 활용 과정에서 느끼는 작은 망설임이나 중단 역시, 모두 '익숙해짐'으로 향하는 중요한 과정이다. 그 과정을 즐기면서, 조급해하지 말고 AI 활용과 함께해 나가길 바란다. 반년쯤 지나면 '그러고 보니 처음엔 이것저것 고민이 많았지' 하고 추억처럼 느껴지는 날이 반드시 온다.

# 계속할 수 있는 사람은 '완벽함'을 목표로 하지 않는다

여기까지 읽어온 당신은, AI를 사용하는 일이 어느 정도 습관이 되었다는 실감을 느끼고 있지 않은가. 하지만 AI를 쓰기 시작한 지 몇 달이 지나면, 많은 사람이 하나의 벽에 부딪힌다.

'처음엔 즐거웠지만, 점점 신선함이 사라졌다.'
'바쁜 날이 계속되면, 무심코 AI를 쓰는 걸 잊어버린다.'
'의욕이 있을 때는 쓰지만, 피곤할 때는 번거롭게 느껴진다.'

이런 시기를 넘어 장기간 AI를 계속 사용하고 있는 사람들에게는 공통된 특징이 있다. 그것은 그들이 '의욕'이나 '의지력'에 의존하지 않는다는 점이다. 계속할 수 있는 사람은 기분에 좌우되지 않는 '구조'를 만들어, 자연스럽게 오래 지속할 수 있는 환경을 갖추고 있다.

## 의욕에만 의존해서는 절대로 지속할 수 없다

많은 사람이 습관화에 실패하는 가장 큰 이유는 '의욕'에 지나치게 의존하기 때문이다.

'오늘은 동기부여가 높으니까 AI를 많이 써보자'

'기분이 내키지 않는 날은 AI를 쓰지 않아도 되지'

하지만 의욕에는 반드시 기복이 있다. 컨디션이 좋은 날도 있고, 지쳐서 아무것도 하고 싶지 않은 날도 있기 마련이다. 의욕만을 전제로 행동해버리면 계속할 수 없는 이유는, 이 '의욕의 기복'을 전세에서 제외하지 않았기 때문이다.

의욕이 전혀 없는 날에도 자연스럽게 AI를 사용하게 되는 '구조'를 만듦으로써, 감정에 좌우되지 않는 지속을 실현하고 있는 것이다.

## 구조로 지속하는 사람의 다섯 가지 장치

장기간 AI를 계속 사용하고 있는 사람들이 실천하고 있는 '구조'에는 다섯 가지 공통된 장치가 있다.

**① 최소 행동을 정해둔다.**

지속하는 사람은 '최소한 이것만은 한다.'는 가장 작은 행동을 정해둔다.

'AI에게 '막히는 질문'을 던진다.'

'AI에게 '안녕'이라고 인사만 한다.'

'AI 화면을 열기만 한다.'

이처럼 아주 사소한 행동이라도 매일 반복하면 습관의 리듬이 끊기지 않는다.

**② 환경의 힘을 빌린다.**

지속할 수 있는 사람은 자신의 의지력이 아니라 '환경'의 힘을 활용한다.

컴퓨터를 켜면 자동으로 AI 도구가 실행되도록 설정하거나, 스마트폰 홈 화면에 AI 어플을 배치한다. '써야지'라고 결심하지 않아도 자연스럽게 AI가 눈에 들어오는 환경을 만들어 두는 것이다.

**③ 중단을 전제로 설계한다.**

지속하는 사람은 처음부터 '중단될 수도 있다.'는 전제로 습관을 설계한다.

'일주일 사용하지 않는 날이 있어도 괜찮다.'

'바쁜 시기에는 빈도가 줄어도 상관없다.'

'완전히 그만두지만 않으면 그것으로 성공이다.'

이런 마음가짐이 있으면 중단에 대한 죄책감이 사라지고, 부담 없이 다시 시작할 수 있다.

**④ 복귀 동선을 마련해 둔다.**

지속하는 사람은 습관이 끊겼을 때의 '복귀 방법'도 미리 생각해 둔다.

'일주일 사용하지 않았으면, 우선 간단한 질문부터 다시 시작한다.'

'바쁜 시기가 끝나면, 예전에 효과가 있었던 사용법을 떠올린다.'

복귀의 허들을 낮추는 방법을 알고 있기 때문에, 중단 기간이 길어져도 안심하고 다시 돌아올 수 있다.

**⑤ '성장의 기록'을 남긴다.**

지속하는 사람은 자신의 성장을 객관적으로 파악할 수 있는 기록을 남긴다.

'3개월 전에는 질문하는 방법조차 몰랐지만, 지금은 자연스럽게 물을 수 있게 되었다.'
'AI를 쓰지 않는 날이 계속되면, 왠지 모르게 허전하게 느껴지게 되었다.'

이런 변화를 기록함으로써, 지속의 가치를 계속해서 실감할 수 있게 된다.

지속하는 사람의 가장 큰 특징은 '기복이 있다는 것을 전제로 한 습관 설계'를 하고 있다는 점이다. 매일 비슷하게 AI를 사용할 수 있는 날도 있고, 전혀 쓰지 못하는 날도 있다. 주에 따라서는 '이번 주는 많이 바빴다.'고 느끼는 주도 있다. 이런 기복을 '나쁜 것'으로 받아들이는 것이 아니라, '자연스러운 것'으로 받아들인다.

중요한 것은 기복이 있어도 완전히 멈추지 않는 것이다. 그리고 바닥에 있는 시기에도 '다시 올라간다.'고 믿으며, 작게라도 계속해 나가는 것이다.

## 오늘부터 구조 만들기를 시작하자

이미 당신이 다음과 같이 느끼고 있다면, 오늘부터 '구조 만들기'를 시작해 보자.

'처음에는 AI를 쓰는 것을 망설였다.'

'의욕이 있을 때만 사용하고 있다.'

우선은 하나만으로도 충분하다.

'컴퓨터를 켠다.'

'피곤한 날에도 쓰기 어려운 사고를 닫아 두게 한다.'

그것만으로도 괜찮다. 의욕에 의존한 지속에서, 구조에 의해 지탱되는 지속으로 이 전환이 이루어졌을 때, 당신의 AI 활용은 새로운 단계로 들어간다. 그리고 1년 뒤에는 '정신 차리고 보니, AI 없이는 일을 할 수 없게 되어 있었다.'는 이상적인 상태에 도달해 있을 것이다.

# 05

# '의욕 제로'여도 나아가는 일의 구조화

'손이 멈추는 상황'을 없애는 AI 파트너 활용법

# 무엇부터 시작해야 할지 망설여질 때의 처방전

다음 분기부터 신제품 판매 전략 프로젝트를 맡게 되었다. 영업, 마케팅, 개발, 경리 각 부서와의 조정이 필요하고, 경쟁 분석과 시장 조사, 예산 계획까지 모두 해야 한다. 도대체 어디서부터 손을 대야 할까?

이처럼 다면적이고 복잡한 안건에서는 단순히 '자료를 만든다.' '메일을 쓴다.' 수준을 넘어 전략적인 접근이 필요해진다.

## '복잡함의 전체상'을 AI에게 그려 달라고 하자

복잡한 안건에서 가장 먼저 해야 할 일은 '무엇이 이 일을 복잡하게 만들고 있는지'를 AI에게 정리해 달라고 하는 것이다. 머릿속에서 뒤엉켜 있는 요소들을 AI에게 객관적으로 분석해 달라는 뜻이다.

'신제품 판매 전략 프로젝트를 맡게 되었다. 관련 부서는 영업, 마케팅, 개발, 경리다. 검토해야 할 요소는 경쟁 분석, 시장 조사, 가격 설정, 판매 채널, 프로모션 전략, 예산 계획이다. 이 안건의 복잡함을 만드는 요인을 분석하고, 접근해야 할 순서를 제안해 달라'

AI는 인간과 달리 방대한 정보를 동시에 처리할 수 있다. '너무 복잡해서 무엇부터 시작해야 할지 모르겠다.'고 혼란스러워진 상황을 차분하게 분석해 구조화해 준다. 관련 조건을 하나씩 정리하고, 다양한 관점에서 정리된 결과를 확인하다 보면 머릿속도 점점 정리된다.

## 제약 조건을 정리해 현실적인 계획을 세우자

복잡한 안건에는 다양한 제약 조건이 서로 얽혀 있다. 예산의 제약, 시간의 제약, 기술적 제약, 법적 제약, 인적 자원의 제약, 이 모든 것을 동시에 고려해 계획을 세우는 데에는 인간에게 한계가 있다.

예를 들어, AI에게 다음과 같이 지시해 보자.

‘신상품 프로젝트의 제약 조건을 정리한다. 예산 상한은 500만 원, 출시 예정은 6개월 후, 개발 인원은 3명이며 약사법 규제가 있다. 경쟁사는 이미 유사 상품을 판매 중이다. 이러한 제약 조건 안에서 실현 가능한 전략 옵션을 세 가지 제안해 달라’

AI는 제약 조건을 빠짐없이 고려해 현실적인 선택지를 제시해 준다. 이론이 아니라, 제한된 조건 속에서 최대의 성과를 내는 방법을 논리적으로 도출해 주는 것이다. 이러한 객관적 분석이 있기에 무모한 계획을 세울 위험을 피할 수 있다.

## ‘우선순위 지원’으로 시간을 최대한 활용하자

복잡한 조건에서는 해야 할 일이 무수히 많다. 하지만 시간과 자원은 한정돼 있다. 무엇부터 손을 대야 할지에 대한 판단이 프로젝트의 성패를 가르게 된다. 이 우선순위 결정 또한 AI의 도움을 받을 수 있다.

예를 들어 다음과 같은 지시를 해볼 수 있다.

‘프로젝트의 작업을 영향도와 실행 난이도로 분석해 달라.

- 시장 조사: 영향도 · 난이도 중

- 경쟁 분석: 영향도 중 · 난이도 소
- 가격 설정: 영향도 대 · 난이도 중
- 판매 전략: 영향도 대 · 난이도 대

이들의 우선순위를 영향도가 큰 것부터 6개월 타임라인에 배치해 달라'

AI는 감정이나 선입견에 휘둘리지 않고, 객관적인 데이터에 기반해 우선순위를 제안해 준다. '왠지 중요해 보인다.'가 아니라 '수치적으로 보았을 때 이것이 최우선이다.'라는 근거 있는 판단 기준을 얻음으로써, 망설임 없는 행동을 할 수 있게 된다.

## 써지지 않는다, 정리가 안 된다를 해결하는 방법

복잡한 조건의 전체상이 보이기 시작해도, 막상 글로 정리하려 하면 손이 멈추는 경우가 있다. 해야 할 일은 보이고, 정보도 모여 있다. 그런데도 어디서부터 쓰기 시작해야 할지 모르겠다.

예를 들면 다음과 같은 고민이다.

'고객의 목소리를 조사한 결과를 보고서로 정리해야 한다. 설문 응답이 300건, 자유롭게 작성한 의견이 800건, 다른 회사의 데이터, 지난 3년간의 변화, 각 부서에서 올라온 코멘트 등 정보는 산더미처럼 있는데, 어디서부터 쓰기 시작해야 할지 모르겠다. 이걸 어떻게 구성해서 모두가 납득하는 보고서로 만들어야 할까?'

최신 AI 도구에서는 엑셀 파일을 그대로 직접 업로드해 분석을 맡길 수 있다. 300건의 설문 데이터를 하나하나 문장으로 다시 입력할 필요는 없다. 파일을 업로드하기만 하면 AI가 자동으로 데이터의 내용을 읽고 분석해 준다.

다만 회사에서 이 기능을 사용할 경우에는 주의가 필요하다. 먼저 사내 규칙을 확인하고, 고객의 개인정보나 회사의 기밀 정보 취급에 충분히 신경 써야 한다.

## 머릿속의 뒤죽박죽을 AI에게 맡겨본다

'써지지 않는다.' '정리가 안 된다.'는 상태의 대부분은 머릿속에서 정보가 뒤엉켜 있기 때문이다. 여러 정보가 단편적으로 떠올랐다 사라지며, 서로의 연결이 보이지 않아 혼란스러운 상태다. 이 혼란 상태를 AI에게 '맡겨' 정리해 달라고 하는 것부터 시작해 보자.

예를 들면 다음과 같이 요청해 볼 수 있다.

'고객의 목소리에 대해 쓰려고 하는데 머릿속이 뒤죽박죽이다. 설문 결과 전체 만족도는 78%로, 작년보다 2% 상승했다. 자유 기재 의견에서는 가격에 대한 불만이 두드러진다. 한편 다른 A사는 82%로 우리가 뒤처져 있다. 부서별 반응도 제각각이라 영업은 긍정적으로 보고 있지만, 개발은 개선해야 할 점을 강조하고 있다. 이 뒤섞인 정보를 논리적으로 정리해 달라'

AI는 인간의 감정적인 혼란에 휘말리지 않고, 정보를 차분하게 나누고 정리할 수 있다. 뒤죽박죽으로 보이는 정보 속에서도, 실제로는 하나의 흐름을 찾아내거나 정보들 사이의 연결을 명확히 하면 생각도 자연스럽게 정리된다.

머릿속 혼란을 해소하는 요령은 '완벽하게 설명하려 하지 않는 것'이다. 떠오르는 대로, 순서가 엉망이어도 괜찮으니 일단 AI에게 전부 말해 버리면 된다. '아, 어 그리고' '아, 맞다, 맞다.'같은 말투여도 전혀 문제없다. 오히려 그런 날것의 혼란 상태를 AI에 그대로 보여 주면 AI는 '어디에 정리의 핵심이 있는지'를 정확하게 찾아낸다.

사람은 대화를 하면서 '조금 더 정리한 뒤에 말하자'고 생각하기 쉽지만 AI를 상대로는 그럴 필요가 없다. 머릿속이 어질러진 상태 그대로 밖으로 꺼내 AI라는 유능한 정리 담당자에게 맡기면 된다. 이 '사고의 외부화'가 가능해지면 혼자 끙끙대는 시간이 극적으로 줄어든다.

## '앞뒤가 맞지 않는 정보'를 정리하는 기술

현실 분석에서는 겉보기에 '앞뒤가 맞지 않는 정보'를 마주치는 경우가 많다.

- 만족도는 오르고 있는데 매출은 떨어지고 있다.
- 품질은 좋아지고 있는데 불만은 늘고 있다.

이런 모순을 그대로 둔 채로는 사람을 설득하는 글을 쓸 수 없다. AI는 이런 모순을 정리하는 데 능숙하다.

예를 들어 다음과 같이 지시해 보자.

'앞뒤가 맞지 않는 정보를 정리해 주는 분석을 부탁한다

- 정보 1 고객 만족도는 78%로 개선되고 있다.
- 정보 2 매출은 작년보다 5% 감소했다.
- 정보 3 재구매 비율은 85%로 역대 최고다.
- 정보 4 문의 건수는 20% 줄었다.

이러한 모순을 설명할 가설을 세 가지 제시하고, 각 가설을 검증하는 방법도 알려 달라'

AI는 사람이 놓치기 쉬운 관점에서 모순을 해소하는 가설을 제

시한다.

- 시장 전체가 축소되고 있다.
- 새로운 경쟁사가 진입했다.
- 고객의 행동 패턴이 바뀌었다.

위와 같이 여러 각도의 분석을 통해, 겉으로는 모순돼 보이는 현상을 하나의 이론으로 설명해 준다. 이렇게 하면 이해되지 않던 혼란스러운 정보도 의미 있는 이야기로 재구성할 수 있게 된다.

더 효과적인 방법은 AI에게 '모순의 배경에 있는 구조'를 분석하게 하는 것이다. 단순히 숫자의 모순을 해소하는 데 그치지 않고, 왜 이런 복잡한 상황이 만들어지고 있는지, 그 근본 원인을 이해함으로써 더 깊은 통찰을 얻을 수 있다.

## 논리적으로 이어지는 이야기를 AI와 함께 만들자

정보를 단순히 나열하는 것이 아니라, 사람을 설득하는 이야기를 만들기 위해서는 탄탄한 이야기의 흐름이 필요하다.

'이렇게 말하고 싶다.'

'왜 그렇게 말해야 하는가'
'반대 의견도 있겠지만'
'그럼에도 이렇게 생각한다.'

이 관계를 명확히 하고, 읽는 사람이 납득할 수 있는 흐름을 만들어야 한다.

그럴 때는 다음과 같이 요청해 보자.

'고객 만족도 분석으로 논리적인 이야기를 만들어라. 근거 없는 의견이 아니라, 지금 바로 고쳐야 할 과제가 분명해졌다. 가설은 만족도 78%(전년 대비 +2%), 품질 평가는 상위권, 가격 불만은 35%, 성징시 대비 결과다. 이 정보를 바탕으로 사람을 설득하는 이야기 흐름을 세 가지 패턴으로 제안하고, 각각의 효과를 설명하라'

AI는 정보를 구성하는 기본 규칙에 따라, 몇 가지 이야기 구성 방식을 제시한다. '사실에서 결론을 도출하는 방법' '비교를 통해 차이를 보여주는 방법' '원인과 결과를 연결하는 방법' 등 다양한 접근을 객관적으로 평가해 준다. 그중에서 독자와 목적에 가장 잘 맞는 구조를 선택해 더 발전시켜 나가면 된다.

# 메일, 회의록, 제안서를 짧은 시간 안에 완성하기

AI를 사용해 일을 진행하다 보면, 보다 실무적인 과제에 직면하게 된다. 그것은 'AI에게 요청할 때 어떤 말로 구성해야 기대했던 결과를 얻을 수 있을까'라는 문제다.

예를 들면, 다음과 같은 고민이다.

'다음 주 임원회의에서 사용할 자료를 만들어야 한다.'
'자료를 만들어도 AI에 맡기면 기대와 다른 결과가 나온다.'
'조금 더 자세히, 좀 더 알기 쉽게라고 여러 번 말하다 보니 결국 30분이나 걸려버렸다.'
'어떻게 하면 처음부터 원하는 결과가 바로 나오게 요청할 수 있을까?'

## '목적 · 조건 · 출력 형식'으로 요청하자

AI에게 일을 잘 부탁하기 위한 기본적인 구조가 있다. 그것은 '목적' '조건' '출력 형식'이라는 세 가지 요소를 명확히 해서 전달하는 것이다. 이 세 가지가 갖춰지면, AI는 의도를 정확히 이해하고 기대에 가까운 결과를 내놓게 된다.

예를 들어, 임원 회의 자료를 만들 때는 다음과 같이 AI에게 요청해 보자.

- 목적: 다음 주 임원 회의에서 매출 보고를 하고 싶다.
- 조건: 바쁜 임원 대상이므로 5분 안에 이해할 수 있는 내용으로 숫자는 구체적으로 제시하고, 문제점과 대응 방안을 함께 포함할 것
- 출력 형식: 파워포인트 슬라이드 구성으로 1슬라이드 1메시지, 글머리표 중심으로 제시하라

이 세 가지 요소를 처음에 전달함으로써, AI는 '무엇을 위해' '어떤 제약 속에서' '어떻게' 어떤 형태로 '만들면 되는지'를 이해할 수 있다. 그렇기 때문에 처음부터 기대에 가까운 결과를 얻을 수 있다. 모호한 요청이 아니라, 구체적인 지시가 되기 때문이다.

## '입력 70%, 조정 30%'면 된다

AI를 잘 쓰는 요령은 처음부터 완벽한 결과를 기대하지 않는 것이다. '입력 70%, 조정 30%'라는 마음가짐으로 접근해 보자. 첫 요청에서 70% 정도의 완성도가 나오면 충분하고, 나머지 30%는 나중에 조정하면 된다.

첫 요청에서 70%의 결과가 나왔다면, 이어서 다음과 같이 AI와 조정해 보자.

감사하다. 거의 기대한 대로다. 두 가지만 조정해 달라

- 슬라이드 3의 매출 그래프를 조금 더 보기 쉽게 해 달라
- 슬라이드 5의 대책 부분에 구체적인 실행 시기도 추가해 달라

이처럼 큰 방향성은 처음 요청에서 정하고, 세부적인 조정은 나중에 지시하는 편이 결과적으로 더 빠르게 고품질의 결과물을 얻을 수 있는 방법이다.

## 복잡한 작업은 '단계적으로 요청'하자

복잡한 작업일수록 AI에게 한 번에 전부를 부탁하기보다 단계적으로 요청하는 편이 더 확실하다. 먼저 전체 구성을 정한 뒤, 각 부분의 세부를 만들어가는 방식이다.

예를 들면, 처음에 다음과 같이 요청한다.

'먼저 전체 구성만 알려 달라. 신상품 제안서이며, 10분 프레젠테이션용이다. 어떤 순서로, 무엇을 이야기하면 효과적일까?'

그러면 AI가 구성을 제안해 준다. 예를 들어, 다음 단계에서 다음과 같이 다시 요청한다.

'감사하다. 이 구성으로 진행한다. 그럼 먼저 '시장 분석' 부분을 자세히 만들어 달라. 데이터는 ㅇㅇ, 경쟁사는 ㅇㅇ이다.'

이처럼 단계적으로 진행하면, 중간에 방향성을 확인할 수 있다. 마지막에 '전혀 다르다.'가 되는 위험을 피하면서, 확실하게 완성도 높은 결과물을 만들어낼 수 있다.

# 막히면 AI에게 생각하게 하는 시점

복잡한 정보를 정리하거나, 정확한 판단을 내리거나, AI와의 협업으로 많은 일을 할 수 있게 되었다. 하지만 실제 업무에서는 아무래도 해결의 실마리가 보이지 않을 때가 있다.

예를 들면, 다음과 같은 고민이다.

'신상품 아이디어를 고민하고 있지만, 벌써 3주째 같은 자리만 맴돌고 있다. 기존 상품의 개선안만 떠오르고, 획기적인 아이디어가 전혀 나오지 않는다. 경쟁사도 비슷한 상품만 만들고 있고, 고객 니즈도 포화 상태다. 아무도 생각해 본 적 없는, 그런데도 확실히 팔리는 상품 아이디어를 어떻게 떠올릴 수 있을까?'

이처럼 지금까지의 연장선상에서는 해결할 수 없는 창의적인 과제는 혼자서 계속 생각하고 있어도 답이 나오지 않는 경우가 많다. 같은 사고 패턴 안에서 빙글빙글 돌기만 하고, 새로운 시점에 도달하지 못한다. 이럴 때야말로 AI에게 완전히 다른 각도에서 생각하게 하는 기술이 힘을 발휘한다.

## AI에게 '다른 분야의 전문가'가 되어 달라고 하자

생각이 막혔을 때 가장 효과적인 방법은 AI에게 전혀 다른 분야의 전문가가 되었다고 가정하고 생각하게 하는 것이다. 나와는 다른 지식, 경험, 시점을 가진 사람의 입장에서 사고하게 하면 지금까지 보이지 않던 해결책이 떠오를 수 있다.

예를 들면, 다음과 같이 의뢰한다.

'요리 전문가의 시점에서 신상품 아이디어를 생각해 보라. 당사는 문구 제조사이지만, 요리사가 식재료를 조합해 새로운 맛을 만들듯이, 기존 문구의 조합으로 완전히 새로운 가치를 만들어내는 아이디어를 다섯 가지 제안하라. 요리의 '손질' '조리법' '플레이팅'이라는 사고방식을 문구에 응용해 보라'

이 방법의 흥미로운 점은 AI가 실제로 그 분야의 전문가처럼 사고한다는 점이다. 요리사라면 '맛의 조합' '식재료의 특성' '조리 과정'이라는 시점으로 사물을 바라본다. 이때 전혀 다른 시점을 문구에 적용함으로써, '펜과 노트의 새로운 조합 방식' '쓰기 전 준비를 간단하게 만드는 도구' '외형까지 아름다운 문구 세트' 등 지금까지는 떠올리지 못했던 아이디어가 생겨난다.

전문가의 시점을 빌릴 때의 요령은, 그 분야의 '기본적인 사고방식'을 AI에 명확하게 지정하는 것이다. 예를 들어 건축가라면 '기능성과 아름다움의 양립', 의사라면 '예방과 치료의 사고방식', 음악가라면 '하모니와 리듬을 만드는 방법'이라는 식이다. 자신의 업계와는 전혀 다른 사고법을 도입함으로써, 놀랄 만큼 새로운 아이디어가 탄생할 가능성이 있다.

## 반대 입장에서 문제를 다시 보는 것도 가능하다

막혔을 때 사용할 수 있는 또 하나의 기술은 '반대 입장'에서 문제를 보게 하는 것이다. 지금까지 '어떻게 해결할 것인가'를 고민하고 있었다면, '어떻게 문제를 만들 것인가'를 생각하게 한다. '어떻게 성공할 것인가'를 고민하고 있었다면, '어떻게 실패할 것인가'를 생각하게 하는 것이다.

예를 들어, 다음과 같이 AI에 요청해 보자.

'신상품 개발에서 반드시 실패하는 방법'을 열 가지 알려 달라.

'고객에게 미움받는 상품' '아무도 사지 않는 상품' '금방 질리는 상품'을 만들려면 어떤 일을 해야 할까? 가능한 한 구체적으로 실패 패턴을 분석해 달라'

이러한 역발상으로 바라보면, 지금까지 깨닫지 못했던 '성공의 힌트'가 보이기 시작한다. '반드시 실패하는 방법'을 알게 되면, 그 반대를 실행함으로써 성공 가능성이 높아진다. '고객에게 미움받는 요소'를 알게 되면, 그것을 피함으로써 사랑받는 상품을 만들 수 있다. 같은 문제라도 관점을 바꿔 보면, 새로운 해결책이 떠오르게 된다.

## 다른 시대에서 생각해 보자

현대의 상식이나 제약에 묶여 사고가 멈춰 버렸을 때는 AI에게 '다른 시대'의 시점에서 생각해 달라고 해 보자. 100년 전의 사람이라면 어떻게 생각할지, 100년 후의 사람이라면 어떻게 해결할지를 상상하게 하는 것이다.

예를 들어, AI에게 다음과 같이 부탁한다.

'100년 전 발명가의 시점에서 현대의 일하는 방식 문제를 해결하는 도구를 생각해 보라. 당시는 전기도 컴퓨터도 없는 시대다. 현대인이 떠안고 있는 지식과 수고를 크게 줄일 수 있는 '서류가 너무 많다.' '연락이 너무 많다.'라는 문제를 해결하는 방법을 다섯 가지 제안하라'

100년 전 사람은 지금 우리가 당연하다고 여기는 도구나 방법을 알지 못한다. 그렇기 때문에 AI는 전혀 다른 접근으로 문제를 해결하려 한다. 예를 들어 이메일이 없던 시대의 사람이라면, 연락 자체를 줄이는 방법을 떠올릴 수도 있다. 회의실이 없던 시대의 사람이라면, '걸으면서 이야기하는 방식'을 제안할지도 모른다. 현대의 제약을 걷어내면, 의외로 단순하면서도 효과적인 해결책이 보일 때가 있다.

## 아이의 시점에서 소박한 질문을 던지게 하는 것도 재미있다

어른이 되면 여러 가지 상식과 고정관념이 몸에 배게 된다. 이것이 나쁜 것만은 아니지만, '당연하다.'고 믿는 생각이 새로운 아이디어를 가로막는 경우가 있다. 그럴 때는 AI에게 '아이의 시점'에서 소박한 질문을 던지게 해보자.

예를 들면, 다음과 같이 부탁해볼 수 있다.

‘5살 아이가 되었다고 생각하고, 무엇이든 ‘왜?’ ‘어째서?’라고 물어보라. 신상품 개발에 대해 어른들이 당연하다고 여기는 점에 대해, 아이다운 소박한 질문을 10개 던져라’

아이의 시점은 어른이 놓치기 쉬운 본질적인 문제를 발견하는 데 능하다.

‘왜 상품은 하나의 기능만 있어야 해?’
‘왜 어른용이랑 아이용을 나누는 거야?’
‘왜 문구는 책상 위에서만 써야 해?’
‘왜 펜은 손으로 들지 않으면 안 돼?’

이런 소박한 질문이 사실은 혁신적인 상품 아이디어의 계기가 되기도 한다. 당연하다고 여겨왔던 것을 의심함으로써, 전혀 새로운 가능성이 보이게 된다.

# 실수를 막으면서, 속도도 높인다

일을 빨리 끝내려고 하면, 아무래도 실수가 늘어나기 마련이다. 하지만 '실수를 막자'며 여러 번 확인하다 보면, 이번에는 시간이 너무 오래 걸린다. 이 '속도'와 '정확함'을 동시에 손에 넣는 것이 정말 어렵다고 느끼지 않는가?

예를 들면, 다음과 같은 고민이다.

'계약서 체크를 급하게 하다 보니 중요한 부분을 놓쳐버렸다. 매출 수치를 정리할 때도 급하면 계산을 틀리고, 몇 번이나 확인하면 마감에 맞추지 못한다. 어떻게 하면 빠르고 정확한 일을 할 수 있을까?'

사실, 이 어려움을 해결하는 방법이 있다. 그것은 '사람이 실수하기 쉬운 부분'을 AI에게 확인하게 하는 것이다. 지금까지 불가능하다고 여겼던 '속도'와 '정확함의 양립'이 가능해진다.

## 또 한 명의 확인 역할을 AI가 맡아준다

지금까지의 더블체크는, 스스로 한 번 더 보거나 다른 사람에게 부탁하는 방식이었다. 하지만 내가 보면 같은 부분을 놓치기 쉽고, 다른 사람에게 맡기면 시간과 수고가 든다. 그래서 AI를 '또 한 명의 확인 담당'으로 사용해 보자.

예를 들면, AI에게 다음과 같이 요청한다.

- 목적: 이 계약서에서 특히 주의해야 할 점을 찾고 싶다.
- 조건: 금전 지급 방식, 해지 시 규칙, 책임 범위를 중점적으로 우리 회사에 불리한 부분, 모호한 표현을 찾아라
- 출력 형식: 발견한 문제점을 항목별로 정리하고, 중요도와 함께 제시하라

AI는 지치지 않고, 요청한 그대로의 시점으로 문서를 확인해준다. 사람이 놓치기 쉬운 '문서의 처음과 끝에서 다른 내용을 쓰고 있는 부분' '여러 의미로 해석될 수 있는 애매한 표현'도 확실히 찾아낸다.

## 숫자 오류를 찾아내는 현명한 방법

숫자를 다루는 일에서는 사소한 계산 실수가 큰 문제로 이어질 수 있다.

예를 들어 엑셀 수식이 잘못되었거나, 복사 과정에서 어긋남이 생기는 경우다. 아무리 주의해도 완전히 막기는 어렵다. 실제로 집필 시점에는, 생성 AI의 상당수가 엑셀 파일을 그대로 받아서 '이 데이터를 확인해 달라'고 요청하기만 해도 즉시 검토해준다. 다만 회사에서 사용할 때는 반드시 규칙을 확인해야 한다.

예를 들면, 다음과 같이 요청해 보자.

- 목적: 매출 데이터의 계산이 맞는지 확인하고 싶다.
- 조건: 제시한 매출이 작년 매출과 동일한지, 전년과 비교했을 때 계산이 정확한지 확인하라
- 출력 형식: 문제가 있는 부분을 표로 정리해, 어디가 어떻게 다른지 알기 쉽게 제시하라

AI는 수많은 숫자도 순식간에 확인해서 'A점과 B점의 매출을 더해도 지역 합계와 맞지 않는다.' '계산상으로는 15% 증가해야 하는데 18%라고 적혀 있다.'와 같은, 사람이 발견하기 어려운 작은 어긋남도 확실하게 알려준다.

# 의욕에 의존하지 않고, 돌아가는 구조를 만든다

몸에 익힌 습관화의 기술과, 지금까지 배워 온 AI 활용 테크닉 등 하지만 현실의 업무에서는 아무리 좋은 방법을 알고 있어도, 바쁨이나 피로 때문에 사용하는 것을 잊어버리는 일이 있다.

예를 들면, 다음과 같은 고민이다.

'매달 매출 리포트를 만들 때, 항상 같은 패턴인데도 다시 처음부터 만들어 버렸다. AI에 맡기면 더 빨리 할 수 있을 텐데, 무심코 지금까지의 방식으로 해버린다. 어떻게 하면, 따로 생각하지 않아도 자연스럽게, AI를 활용한 효율적인 방식으로 일이 진행되게 될까?'

이처럼 '알고는 있지만, 하지 못하는' 딜레마의 해결책은 '의욕'이 아니라 '구조'에 있다. 지금까지 만들어온 파일을 활용해 AI와 결합하여 일이 자동으로 진행되는 구조를 만들면, 피곤한 날에도 효율적으로 일할 수 있게 된다.

## 과거의 자산을 활용하는 구조를 만들자

과거에 만들어 둔 엑셀이나 파워포인트, PDF 같은 자료들, 이것들을 AI와 결합하면, 강력한 '일을 수월하게 해주는 도구'로 바꿀 수 있다. 최신 AI 도구는 이러한 파일을 업로드하면 내용을 이해하고, 필요한 정보를 추출하거나 분석한다. 다만 완전히 같은 형태로 재현하는 것은 어렵기 때문에, '내용을 이해한 뒤 새로운 형태로 다시 만드는' 방식이 기본이 된다.

매달 매출 보고서를 만드는 일이라면, AI에 맡겨 다음과 같은 구조를 만들 수 있다.

- 목적: 지난달과 같은 구성으로 이번 달 매출 보고서를 만들고 싶다.
- 조건: 지난달 보고서 '매출 리포트 202511.pptx'의 흐름을 참고해, 이번 달 수치 '매출 데이터 202512.xlsx'를 사용해 작성하라
- 출력 형식: 지난달과 동일한 항목으로, 숫자와 코멘트를 이번 달 기준으로 업데이트한 내용으로 제시하라

AI는 과거 파일을 바탕으로, 어떤 구성으로 '무엇을 전달하려는지'를 이해해 새로운 보고서를 만들어 준다. 완전히 같은 레이아웃은 아니더라도, 전달하려는 핵심 내용은 충분히 반영된다. 다만

회사 정보를 다룰 때는 반드시 사내 규칙을 확인하고, 고객의 개인정보나 기밀 데이터는 입력하지 않도록 주의해야 한다.

## 시스템화는 마음의 여유를 만들어 준다

이런 시스템을 만들어 두면 '의욕이 있을 때만 효율적인 상태'에서 '언제나 효율적인 상태'로 바뀐다. 정해진 절차에 따라 파일을 업로드하고 지시만 내리면, 질 높은 일이 완성된다.

내일부터 매번 같은 패턴으로 고생하고 있는 작업 하나를 골라, AI와 파일을 결합한 시스템을 만들어 보자. 처음에는 간단한 것부터 시작해 조금씩 늘려 가면, 놀랄 만큼 일이 수월하게 돌아가기 시작한다. 시스템화는 개인을 편하게 할 뿐 아니라, 팀 전체의 생산성도 끌어올린다. 한 사람의 작은 공정이 직장 전체를 바꾸는 힘이 된다. 그것이 바로 시스템화의 진짜 가치다.

# 06

# 늘 하던 '작업'에 AI를 살짝 더하기

평생 써먹을 수 있는 효율화의 원칙

# 존댓말과 공손한 표현 때문에 고민되는 메일 작성은 AI에게 맡긴다

지금, 컴퓨터 앞에서 손이 멈춰 있지 않은가? '실례가 되진 않을까' '더 공손한 표현이 있지 않을까' 하고 고민하다가 이 정도면 괜찮을까 하고 다시 생각하게 된다. 정신을 차려보면, 고작 한 줄짜리 메일에 20분이나 쓰고 있다.

사실 이런 존댓말 고민은 일하는 사람의 80% 이상이 매일 느끼는 문제라고 한다. 특히 연장자나 중요한 고객에게 보내는 메일에서는 단어 하나하나를 고르는 데 신경이 극도로 소모된다.

## '경어 레벨'도 AI에 지정할 수 있다

지금까지 익혀온 '목적' '조건' '출력 형식'의 기본에 새로운 요소를 더해보자. 그것이 바로 '경어 레벨' 지정이다. 상대에게 어느 정도의 공손함이 필요한지를 단계로 명확히 전달하는 방식이다.

예를 들면 다음과 같이 요청한다.

- 목적: 납기 연장을 요청하는 메일을 작성하고 싶다.
- 조건: 경어 레벨 5단계로, 거래처 부장 앞으로, 첫 요청, 미안함을 강하게 표현하라
- 출력 형식: 비즈니스 메일 형식, 제목부터 맺음말까지 제시하라

이처럼 '경어 레벨'이라는 새로운 지정 방식을 사용하면 AI는 사용자가 원하는 공손함의 정도를 정확히 이해한다. '5단계 평가 중 5'라고 명시하면, AI는 최상급의 공손한 표현을 사용해야 한다는 점을 정확히 이해한다. 레벨 1은 동료 간의 캐주얼한 표현, 레벨 5는 중요한 거래처를 대상으로 한 최상급 공손 표현처럼, 단계별로 조절할 수 있다.

## 감정의 온도를 조절하는 기술

비즈니스 메일에서 가장 어려운 점은 '정중하지만 차갑게 느껴지지 않게' 쓰는 것이다. 이 미묘한 균형을 AI는 '감정의 온도'라는 기준으로 조절해 준다.

예를 들면 다음과 같이 요청해 볼 수 있다.

- 목적: 거절 메일을 작성하고 싶다.

- 조건: 경어 레벨 5단계중 4로, 감정 온도는 따뜻하게, 미안한 마음은 전달하되, 앞으로의 관계는 중요하게 유지하고 싶다.
- 출력 형식: 비즈니스 메일 형식으로, 상대의 감정을 배려한 표현으로 구성한다.

'감정 온도'라는 새로운 지표를 더하면, AI는 기계적인 공손 표현이 아니라 인간적인 온기가 느껴지는 표현을 만들어 낸다.

## 경어 수정의 황금 규칙

AI가 작성한 공손 표현 메일이 지나치게 딱딱하게 느껴질 때, 어떻게 수정해야 할까? 프로프롬프트 엔지니어들이 사용하는 '수정의 황금 규칙'은 부분 수정이 아니라 인상 자체의 수정을 요청하는 것이다.

예를 들면 다음과 같이 요청한다.

- 수정 요청: 앞서 작성한 메일을 조정한다.
- 문제점: 전체적으로 지나치게 딱딱한 인상이다.
- 이상적인 인상: 5단계 중 4 정도
- 현재 수준: 5단계 중 5에 해당한다.

- 수정 방침: 공손한 표현은 유지하되, 조금 더 친근하게 조정한다. 다만 무례하게 느껴지지 않는 수준으로 한다.

이처럼 어디가 문제인지, '어떤 인상으로 만들고 싶은지'를 명확하게 전달하면 AI는 정확히 수정해 준다. '문장을 고쳐 달라'는 모호한 지시보다, 전체적인 인상을 설명하는 편이 자연스럽고 읽기 쉬운 문장이 된다.

## '단계 조정법'으로 완성도 높은 경어 균형도 만들 수 있다

한 번에 완벽한 경어 메일을 만드는 것은 어렵지만, 두세 번의 소정만으로도 이상적인 균형에 도달할 수 있다.

- 1단계 '우선 경어 레벨 5/5로 작성해 달라(최상급 경어로 초안 작성)'
- 2단계 '조금 더 친근하게, 경어 레벨 4/5로 조정한다(딱딱함을 완화).'
- 3단계 '2문장과 5문장만 한 단계 더 캐주얼하게 조정한다(부분 미세 조정).'

이 방법의 장점은, 먼저 '경어로 무례하지 않은' 상태를 만들어 둔 뒤 그 위에 친근함을 조금씩 더해 간다는 점이다. 요리의 간과 마찬가지로, 연한 맛에서 진한 맛으로 조절하는 편이 실패가 적다는 원리를 응용한 것이다.

## AI를 파트너로 삼아 '경어를 마스터'하자

경어 때문에 고민하는 시간을 더 중요한 일에 쓸 수 있다면, 그 바람은 오늘부터 실현된다. 매일 첫 이메일에서 '경어 레벨'을 지정해 AI와 상담해 보자. 완성된 문장에 어색함이 느껴지면 '위화감 없음 · 인상 수정'을 요청해 보면 된다. 수정의 요령은 '완벽을 목표로 하지 않는 것'이다. 80점짜리 경어 메일을 3분 만에 만들어 보내는 편이, 100점을 목표로 30분을 고민하는 것보다 훨씬 가치 있다.

상대에게 무례하지 않고, 마음이 전해진다면 그것으로 충분하다. 경어에 대한 고민에서 벗어나, 정말 전하고 싶은 내용에 집중할 수 있다. 그런 새로운 메일 사용 방식이, 내일부터 시작된다.

# 번거롭고 시간이 많이 드는 회의록을 2단계로 끝낸다

회의가 끝난 장면을 떠올려 보자. 참석자들은 다음 일정을 향해 빠르게 회의실을 나간다. 하지만 당신만 자리에 남아, 손에 든 메모를 바라보고 있다. 급히 적어둔 글자들, 여기저기 흩어진 토론의 조각들, '회의록을 어떻게 써야 하지'라는 한숨이 나온다. 평소라면, 이제부터 두 시간짜리 사투가 시작될 순간이다.

하지만 회의 음성을 그대로 문자로 옮기고, AI가 정리해 준다면 어떨까? 그동안 두 시간이 걸리던 작업이 고작 15분 만에 끝난다. 그런 꿈같은 방법이 사실은 2단계면 구현된다.

## 스텝 ① 음성을 '그대로 문자로' 바꾸는 방법

첫 번째 단계는 회의 음성을 문자로 변환하는 것이다. 요즘은 스마트폰 녹음 앱이나 PC의 음성 입력 기능만으로도 놀랄 만큼 정확한 받아쓰기가 가능하다. Zoom이나 Teams 같은 온라인 회의 도구에도 자동으로 문자화해 주는 기능이 있다.

녹음할 때의 요령은, 시작할 때 '지금부터 ○회의를 시작한다.'

참석자는 '영업부 김과장, ○○과 이대리'처럼 참석자를 분명히 말해 두는 것이다. 이렇게 하면 나중에 AI가 '누가 무엇을 말했는지'를 정리하기 쉬워진다.

회의 중에도 '김부장의 의견에 대해 이대리는 어떻게 생각하는가?'처럼 발언자의 이름을 의식적으로 넣으면, 더 정확한 회의록을 만들 수 있다.

문자화가 끝나면 회의의 모든 발언이 텍스트로 남는다. 다만 이 단계에서는 '어' '저기' 같은 말도 그대로 포함되어 있어 매우 읽기 어려운 상태다. 여기서부터 AI의 역할이 시작된다.

### 스텝 ② AI가 '완벽한 회의록'으로 한 번에 변환

문자화된 날것의 대화문을 AI에게 입력해 한 번에 완성도 높은 회의록으로 만들어 보자. 핵심은 처음 지시에 필요한 요소를 모두 포함시키는 것이다.

- 목적: 회의 문자 데이터로부터 정확한 회의록 작성
- 조건: (필수 항목 모두 포함) 일시, 참석자, 안건, 결정 사항, 보류 사항, 액션 항목, 담당자와 기한, 다음 일정
- 출력 형식: 다음 구성으로 작성

  ① 기본 정보(날짜, 장소, 참석자)

② 회의 개요

③ 결정 사항(글머리표)

④ 액션 항목(누가 · 무엇을 · 언제까지)

⑤ 과제 · 검토 항목

⑥ 다음 회의 일정과 준비 사항

• 추가 지시: 구어체를 문어체로 변환, 중요도를 ★로 3단계 표시

이처럼 '필수 항목을 모두 포함'하라는 지시를 하면, AI는 회의록에 필요한 요소를 빠짐없이 담아준다. 나중에 '이것도 넣을 걸' 하고 후회할 일이 사라진다.

## 중요도가 보이도록 정리해 읽는 사람에게 친절하게 만들기

회의록을 읽는 사람은 바쁘다. 모든 내용을 자세히 읽을 시간은 없다. 중요도 판단을 AI에 맡기고, 시각적으로 한눈에 들어오게 만드는 것이 좋다. 중요도 판단 기준을 AI에 전달하면, 더 정확한 판단이 가능하다.

예를 들어 다음과 같은 지시를 미리 AI에 주면, 판단이 흔들리지 않는다.

- ★★★【최고중요】: 예산이나 인사와 관련된 결정, 기한이 1주 이내인 액션
- ★★【중요】: 일반적인 결정 사항, 기한이 1개월 이내인 액션
- ★【참고】: 정보 공유, 기한이 명확하지 않은 검토 항목

이 중요도 마크가 있으면, 읽는 사람은 자신이 집중해야 할 부분을 바로 찾을 수 있다.

## '실수를 막는' 방법이 있다

AI가 만든 회의록도 배포 전에 간단한 확인은 필요하다. 다만 전체를 다시 읽을 필요는 없다. 다음 세 가지만 확인하면 충분하다.

① 숫자와 날짜 : 금액, 퍼센트, 기한 등 숫자가 정확한지
② 인명 · 부서명 : 특히 외래어 변환 오류가 없는지
③ 액션 항목 : 담당자와 기한을 모두 명확히 적혀 있는지

이 항목들은 기계적으로 확인할 수 있으므로 5분이면 충분히 점검할 수 있다. 내용의 정확성은 녹음 데이터가 있으므로 나중에 다

시 확인하는 것도 가능하다.

회의록의 품질을 크게 좌우하는 것은 사실 회의 직후 5분이다. 기억이 생생할 때 다음의 정보를 메모해 두면 AI가 훨씬 정확한 회의록을 만든다.

- 결정 사항 중 특히 중요했던 것(1~2개)
- 논의가 가장 치열했던 쟁점
- 다음 회의까지 해야 할 일 중 급한 것

이 내용을 AI에 대한 지시에 추가하면, 다음과 같은 형태로 AI의 이해를 도울 수 있다.

'추가 정보: 특히 중요한 결정은 ㅇㅇ건, 논의의 중심은 △△'

---

## 단 15분으로 회의 후의 풍경이 달라진다.

내일 회의부터 다음의 '2단계 방식'을 시도해 보자.

- 회의 중에는 내용에 집중하고, 녹음만 해 둔다.
- 회의 후 음성을 문자로 옮기고 5분 이내에 AI가 10분 이내에 필

요한 요소를 모두 포함한 회의록을 만들게 한다.

이것만으로도 지금까지 2시간이 걸리던 회의록 작성이 15분 만에 끝난다. 게다가 완성되는 회의록은 필요한 정보가 모두 정리되어 있고, 중요도도 한눈에 파악되는 전문가 수준의 결과물이다.

읽는 사람에게도, 쓰는 사람에게도 이상적인 회의록을 쉽게 만들 수 있게 된다. 절약된 시간으로 결정 사항의 실행에 착수하거나, 다음 회의를 준비하거나, 혹은 조금 일찍 귀가해 가족과 시간을 보낼 수도 있다. '작업'에서 해방됨으로써, 정말로 중요한 일에 시간을 쓸 수 있게 된다. 이것이 바로 2단계 방식이 가져다주는 진짜 가치다.

## 쓰고 고치기를 반복하는 보고서 · 제안서 작성도 AI로 단번에 해결

월말 보고서, 고객에게 제출하는 제안서, 상사에게 보여줄 기획서를 컴퓨터 앞에서 '음' 하며 쓰고 지우고, 또 쓰고 지우고, 이런 경험, 한 번쯤 있지 않은가? 정신을 차리고 보면 시간만 흘렀고, 아직 1페이지조차 완성되지 않았다.

- 첫 문장이 좀처럼 정해지지 않는다.
- 어떤 순서로 써야 할지 모르겠다.
- 이게 제대로 전달될지 불안해서 몇 번이나 다시 쓰게 된다.

사실 이런 고민을 하는 사람은 당신뿐만이 아니다. 하지만 AI와 제대로 협업하면, 이런 고통에서 벗어날 방법이 있다.

## 과거의 '잘됐던 자료'를 내 편으로 삼자

지금까지 익혀온 '목적' '조건' '출력 형식'에 새로운 아군을 하나 더해 보자. 그것이 바로 '참고 자료'다. 이전에 만들어서 좋은 평가를 받았던 자료, 선배가 만들어 본보기로 쓰이던 자료, 이런 자료를 AI에게 알려주면, 당신의 직장에 맞는 글쓰기 방식을 학습하게 된다.

예를 들면, AI에게 다음과 같이 요청해 볼 수 있다.

- 목적: 이번 달 매출 보고서를 만들고 싶다.
- 조건: 바쁜 상사가 3분 안에 읽을 수 있어야 한다. 중요한 내용부터 쓴다. 숫자에는 이유를 덧붙인다.
- 참고 자료: 지난달에 성과가 좋았던 보고서를 첨부한다.
- 출력 형식: A4 한 장으로 정리된 구성안으로 핵심 포인트 세 가지 + 상세 수치 + 향후 대책 순서로 제시하라

이처럼 이전에 잘 작동했던 패턴을 전달하면, AI는 처음부터 직장의 분위기에 맞는 문장으로 써 준다. 물론 이것으로 완성되는 것은 아니다. 하지만 백지에서 시작하는 것보다는, 최소한 70% 정도의 형태는 갖춰진다. 나머지 30%는 직접 구체적인 사정을 보태 조정하면 된다.

## 읽는 사람의 마음을 움직이는 '3개의 산'을 만들자

보고서나 제안서에서 중요한 것은 읽는 사람이 '아, 그렇구나' 하고 납득하게 만드는 것이다. 그러기 위해서는 단순히 정보를 나열하는 것이 아니라, 읽는 사람의 감정이 움직이는 '산'을 만드는 것이 중요하다.

예를 들면, AI에게 다음과 같이 요청해 볼 수 있다.

- 목적: 고객에게 새로운 서비스를 제안하기 위한 자료
- 조건: 현재의 고민에서 출발해 해결책을 제시하고, 사용한 이후의 긍정적인 변화로 마무리한다.
- 감정의 산: 3개의 '그래, 맞아'를 만든다.
  –첫 번째: 그래, 이 점이 문제였어(공감)
  –두 번째: 그래, 이거라면 해볼 만해(납득)
  –세 번째: 그래, 이대로 진행하고 싶어(행동)
- 출력 형식: 각 페이지에서 전달하고 싶은 내용을 한 줄로 제시하라

'감정의 산'이라는 사고방식을 사용하면, AI는 단순한 설명이 아니라 읽는 사람의 마음에 와 닿는 문장을 만들어 낸다. 처음에는 '입력 70%' 정도만으로도 충분하다. 여기에 고객을 잘 알고 있

는 당신만이 할 수 있는 '조정 30%'를 더하면, 마음을 움직이는 제안서가 완성된다.

## 나올 법한 질문을 미리 예상해 준비하기

보고서를 제출한 뒤에는 반드시 질문이 나온다.

'이게 무슨 뜻인가?'
'만약 실패하면 어떻게 되는가?'
'다른 방법은 없는가?'

이런 질문에 당황하지 않도록, AI가 미리 생각하게 해두자.
예를 들면 다음과 같이 요청한다.

- 목적: 보고서를 읽은 사람이 물을 법한 질문을 준비한다.
- 조건: 상사의 성향(걱정이 많음, 숫자를 중시함), 리스크에 민감함
- 물어볼 법한 점 · 자주 나오는 질문 패턴:
  –'정말 그 시간 안에 가능한가?' → 실제로 테스트한 결과 준비
  –'추가 비용은 들지 않는가?' → 초기 비용과 유지 비용 명확히 제시

–'실패하면 어떻게 할 것인가?' → 잘되지 않을 경우의 대응책 도 함께 준비

- 출력 형식: 질문과 답변을 짧게 한 세트로 정리한다.

AI가 만들어 주는 '예상 문답집'은 어디까지나 일반적인 틀에 불과하다. 상사의 성격과 직장의 분위기에 맞게 조정하면, 실제로 도움이 되는 준비를 할 수 있다.

## '비포 · 애프터'로 성과를 보여줄 수 있다

업무 성과를 보고할 때 가장 효과적인 방법은 '이전과 이후'를 분명하게 보여주는 것이다. 하지만 어디를 어떻게 비교해야 임팩트가 생기는지 고민될 때도 있다.

그럴 때는 AI에게 다음과 같이 요청해 보면 된다.

- 목적: 개선 활동의 성과를 알기 쉽게 보고한다.
- 조건: 숫자의 변화뿐 아니라, 모두의 노력이 함께 전해지면 좋겠다.
- 비포 · 애프터: 다섯 가지 좋은 변화

① 서류를 찾는 시간이 줄어들었다(매일 10분 → 5분, 하루 30분 절약).

② 고객 대기 시간(평균 15분 → 평균 5분, 만족도 향상)

③ 실수 횟수: 주 3회 → 월 1회(거의 사라짐)

• 출력 형식: 각 항목별로 '개선한 점'을 한 줄로 추가한다.

AI가 만드는 '비포 · 애프터'의 틀에, 당신이 알고 있는 '현장의 개선 아이디어'를 더하면 숫자에 온기가 생긴다. 이 또한 '입력 70%, 조정 30%'의 좋은 예다.

## 보고서를 이제 훨씬 수월하게 쓸 수 있다

'쓰고 지우기'를 반복하던 2시간이 'AI 초안 15분, 직접 조정 45분'의 1시간으로 줄어든다면, 그것만으로도 큰 성과다. 남은 1시간으로 더 중요한 일을 하거나, 조금 일찍 퇴근할 수도 있다. '완벽을 추구하며 괴로워하기'보다 '70%에서 시작해 가볍게 진행하기' 그것이 AI와 현명하게 함께 일하는 요령이다.

# 스프레드시트 작업이 10배 빨라진다! AI와의 현명한 조합

금요일 오후 4시, 이번 주 매출 데이터를 정리해야 하는데, 엑셀 화면만 바라본 채 손이 멈춰 있는 상황이다. '음, 이 합계를 내려면 SUM? VLOOKUP? 어라, 인수 순서가 뭐였지?' 함수 책을 꺼내 찾아보기 시작하는 순간, '어?' 하는 사이에 30분이 훌쩍 지나간다.

월말 집계, 매출 분석, 고객 보고용 그래프 이런 '사소한 수식' '이 데이터를 처음부터 다시 정리하는 작업'은 엑셀을 쓰는 업무에서 피할 수 없다. 하지만 함수나 피벗 테이블, 그래프 만드는 법을 익히는 일은 정말 쉽지 않다. 외웠다고 생각해도, 잠시 쓰지 않으면 금세 잊어버리게 된다.

이런 '엑셀로 고생하는 나날'에서 벗어날 수 있는 방법이 있다면 어떨까? AI를 '엑셀 선생님'처럼 활용하면, 지금까지 1시간 걸리던 작업이 단 6분 만에 끝나게 된다.

## ‘함수를 외우는 것’에서 ‘AI에게 묻는 것’으로의 대전환

엑셀 함수는 무려 400종류가 넘는다. 이걸 전부 외우는 건 현실적으로 불가능하다. 하지만 AI는 모두 알고 있다. 게다가 하고 싶은 일을 말로만 설명해도 딱 맞는 함수를 알려준다.

예를 들어, 다음과 같이 요청해 보자.

- 목적: 매출 데이터에서 특정 조건으로 집계하고 싶다.
- 조건: 서울 지점, 4월부터 6월까지, 상품 A만의 매출 합계를 구하고 싶다. 데이터는 약 100행 정도 있다.
- 하고 싶은 것: 일반적인 말로 다음의
  –지점명은 ‘서울’
  –날짜는 4월 1일부터 6월 30일까지
  –상품명은 ‘상품 A’
- 출력 형식: 사용할 함수 이름과 실제로 입력할 수식을 구체적으로 알려달라. 셀 위치는 임시로 잡아도 되니 함께 넣어달라

이렇게 묻는 핵심은 ‘하고 싶은 일’을 일반적인 말로 설명하는 데 있다. ‘SUMIFS 함수로 이 조건에 맞는 것만 더하고 싶다.’고 그대로 전달하면, AI가 알맞은 함수를 골라 사용법까지 정확히 알려준다.

게다가 '=SUMIFS(D:D, A:A, '서울', B:B, '〉=2026/4/1', B:B, '〈=2026/6/30', C:C, '상품A')'처럼 바로 복사해 쓸 수 있는 형태로 제시해주기 때문에, 함수 인수의 순서를 외울 필요도 없다.

## '그래프 작성'의 고민을 AI가 해결해 준다

숫자 나열을 보기 쉬운 그래프로 만들고 싶다. 어떤 그래프를 선택해야 하는지, 축 설정은 어떻게 해야 하는지, 색은 어떻게 골라야 하는지. 그래프 작업의 고민은 늘 따라다닌다. 이런 고민도 AI에 상담하면 놀랄 만큼 간단히 해결된다.

예를 들어, 다음과 같이 요청한다.

- 목적: 월별 매출 변화를 한눈에 알 수 있게 보여주고 싶다.
- 조건: 임원 회의에서 사용, 단순하고 보기 쉬우며 추세가 드러날 것
- 데이터의 특징: 구체적으로 전달
  - 12개월 분량의 매출 데이터
  - 전년과 금년 비교
  - 계절적 변동 있음(여름이 높음)
- 그래프 상담: 어떤 그래프가 적합한가? 색은? 강조는? 제목은?

- 출력 형식: 엑셀에서의 구체적인 제작 방법을 단계별로 설명하라

AI는 사용자의 데이터와 목적에 가장 적합한 그래프 유형을 제안한다. '계절적 변동이 있다면 꺾은 선 그래프' '전년과의 비교라면 두 개의 선으로' '색상은 파랑과 주황으로 구분'과 같은, 전문가 수준의 조언을 얻을 수 있다.

더 나아가 '그래프 제목은 월별 매출 추이(전년 대비)' '세로축은 백만 원 단위로'와 같은 세부 설정까지 안내해 주기 때문에, 누구나 봐도 이해하기 쉬운 그래프를 손쉽게 만들 수 있게 된다.

## '반복 작업'도 AI로 자동화할 수 있다

매주 같은 데이터 처리, 매달 같은 집계 작업을 수작업으로 처리하다 보면 시간이 오래 걸리고 실수도 발생하기 쉽다. 하지만 매크로나 VBA를 익히는 일은 너무 어렵다. 그럴 때는 AI에게 간단한 자동화 방법을 물어보면 된다.

예를 들면 다음과 같다.

- 목적: 매주 반복하는 작업을 수월하게 만들고 싶다.

- 조건: 매크로는 사용할 수 없다. 하지만 수작업은 줄이고 싶다.
- 반복 작업: 매주 하고 있는 일

  ① CSV 파일을 연다.

  ② 필요한 데이터를 A열과 B열로 정리한다.

  ③ 날짜순으로 정렬한다.

  ④ 소계를 낸다.

  ⑤ 그래프를 만든다.
- 출력 형식: 매크로를 사용하지 않고 효율화하는 방법을 세 가지 제안하라

AI는 매크로를 사용하지 않아도 작업을 효율화할 수 있는 방법을 여러 가지 제시한다. 예를 들면 '템플릿 파일을 미리 만들어 둔다.' '파워 쿼리를 사용한다.' '조건부 서식으로 자동화한다.'와 같이 사용자의 숙련도에 맞춘 제안을 해준다. 특히 유용한 점은 '한 번 만들어 둔 작업 절차를 퀵 액세스 도구 모음에 등록하는 방법'처럼, 미처 알지 못했던 기능을 알려준다는 것이다. 이러한 방법을 활용하면 매주 30분이 걸리던 작업이 5분 만에 끝나고, 실수도 크게 줄일 수 있다.

## AI 엑셀 활용법으로 시간을 10배 효율적으로 쓰자

내일 엑셀을 열었을 때 '이 조건으로 집계하고 싶은데, 어떻게 하면 될까?' '함수에서 막히면 바로 AI에게 물어보자'라는 답을 얻을 수 있다. '이 데이터를 알기 쉽게 보여주고 싶다.' '반복 작업을 줄이고 싶다.' '더 편한 방법은 없을까?'라고 상담한다.

그것만으로도 지금까지 '엑셀 책을 보며 1시간 걸리던 작업이' 'AI에게 물어보며 6분 만에 끝나는' 상태가 된다. 그 차이가 54분이다. 그리고 또 하나 중요한 점은, 분석이나 새로운 발견, 창의적인 업무에 시간을 쓸 수 있게 된다는 것이다.

함수를 암기하던 시대는 끝났다. 이제는 AI와 함께 빠르고, 편하게, 정확하게 일을 처리하는 시대다.

# '여러 개의 파일을 열어 복사하는 작업' 번거로운 작업은 AI로 효율화한다

데스크톱에는 월말 집계 작업으로 엑셀 파일이 5개, PDF가 3개 있다. 영업부 매출은 이 파일, 상품별 내역은 다른 파일에 들어 있다. '어디에 뭐가 들어 있었지?' 파일을 오가며 복사하고 붙여넣는 같은 작업을 반복하게 된다. 이런 작업은 AI에게 파일을 한 번에 모두 읽게 하는 것만으로도 놀랄 만큼 수월해진다.

이처럼 여러 개의 파일에서 정보를 모으는 작업은 현대의 업무에서는 일상적인 일이다. 하지만 이런 번거롭고 시간이 많이 드는 작업도 AI와 연계하면 놀랄 만큼 수월해진다.

## 파일 내용을 AI가 읽게 하는 새로운 접근

최신 AI 도구는 엑셀, PDF, 워드 등 다양한 형식의 파일을 직접 읽어들일 수 있다. 지금까지 사람이 하던 '파일을 열고, 필요한 부분을 찾아서 복사하는' 작업을 AI가 대신해 주게 되었다.

예를 들어 여러 영업소에서 보내온 매출 보고서를 하나로 정리하는 상황을 생각해 보자. 이럴 때는 다음과 같이 요청하면 된다.

- 목적: 5개 영업소의 매출 데이터를 통합해 분석하고 싶다.
- 처리 대상: 영업소 A 매출.xlsx, 영업소 B 매출.xlsx, 영업소 C 매출.xlsx, 영업소 D 매출.xlsx, 영업소 E 매출.xlsx
- 통합 규칙: 각 영업소의 월별 매출, 상품별 매출, 전년 동월 대비를 하나의 표로 정리한다.
- 출력 형식: 영업소별 · 월별 · 상품별 3축으로 분석할 수 있는 통합 표로 한다.

AI는 각 파일의 내용을 이해해 흩어져 있던 정보를 하나의 정리된 표로 만들어 준다. 사람이 2시간 걸리던 전사 작업이 단 10분만에 끝난다.

## 서로 다른 형식의 정보도 하나로 정리할 수 있다

실제 업무에서는 엑셀의 숫자, 워드의 문장, PDF 계약서처럼 서로 다른 형식의 정보를 함께 다루는 경우가 많다. AI라면 형식이 달라도 문제없이 처리할 수 있다. 다만 파워포인트의 도형이나 디

자인까지는 읽어내지 못한다. 도표나 그래프의 내용을 분석하고 싶다면 화면을 스크린샷으로 찍어 이미지로 전달한다.

예를 들면 다음과 같이 요청한다.

- 목적: 서로 다른 형식의 자료를 바탕으로 신상품 기획 제안서를 만들고 싶다.
- 통합 대상: 시장 데이터.xlsx(숫자), 경쟁 분석.docx(문장), 고객 설문.pdf(이미지)
- 통합 방침: 각 정보에서 중요한 포인트를 뽑아 논리적인 기획 제안 흐름으로 재구성한다.
- 출력 형식: 프레젠테이션용 구성안. 각 항목의 근거가 되는 데이터도 함께 명시한다.

## 데이터 대조 · 대사도 자동화할 수 있다

여러 파일을 다루는 작업에서 가장 신경이 쓰이는 부분은 데이터 대조다. 상품명이 파일 A에서는 ○○, 파일 B에서는 △△로 되어 있다. 같은 상품일까? AI라면 사람이 알아차리기 어려운 미묘한 차이도 찾아내 적절하게 통합해 준다.

예를 들면 다음과 같이 요청한다.

- 목적: 3개 부서의 데이터 정합성을 점검해 통합하고 싶다.
- 대조 대상: 영업부 데이터.xlsx(상품명 · 판매 수량), 경리부 데이터.xlsx(상품명 · 매출 금액), 창고부 데이터.xlsx(상품명 · 재고 수량)
- 대조 포인트: 상품명 표기 흔들림을 통일하고, 수량과 금액의 정합성 점검
- 출력 형식: 통합 후 마스터 데이터와 발견된 불일치 항목 목록을 보여달라

AI는 상품A와 상품 A(전각 · 반각의 차이), '볼펜 · 파랑'과 '파랑 볼펜'(표기 순서의 차이) 같은 경우도 같은 상품으로 인식해 통합한다.

## 내일부터 시작하는 파일 통합의 새로운 스타일

만약 내일 여러 파일을 열어 복사 작업을 할 예정이라면, AI와의 연계를 꼭 시험해 보자. 처음에는 간단한 파일 두 개의 통합부터 시작하고, 익숙해지면 복잡한 처리에도 도전해 보자.

중요한 것은 완벽을 목표로 하지 않는 것이다. AI가 80%까지 처리해 주면, 나머지 20%는 사람이 미세 조정하면 된다. 그 80%의 자동화만으로도 작업 시간은 크게 줄어들고, 더 가치 있는 일에

집중할 수 있게 된다. 여러 파일을 오가며 혼란스러웠던 시간을 창의적이고 전략적인 사고에 쓰는 시간으로 바꿀 수 있다.

# 스케줄 관리와 단계 구성은 AI에게 맡기고 빠르게 끝낸다

다음 주 프레젠테이션까지 3일밖에 남지 않은 상황을 떠올려 보자. 하지만 오늘은 다른 미팅이 두 개 있고, 내일은 출장, 모레는 다른 업무로 가득 차 있다.

'프레젠테이션 준비는 언제 하지?'

다급하게 수첩을 다시 봐도, 제대로 된 시간이 보이지 않는다.

'30분씩 쪼개서 할 수밖에 없나'

하지만 집중해서 해야 할 프레젠테이션 준비를 산발적인 시간으로 하는 것은 효율이 너무 나쁘다.

이처럼 시간을 역산하지 못하는 상황, '소요 시간을 계산하지 못한다.' '준비에 실제로 걸리는 시간을 알 수 없다.' 이런 고민은 흔한 일이다. 하지만 AI를 일정 조정 비서로 활용하면, 이런 혼란을 말끔히 해결할 수 있다.

## 역산 스케줄을 AI가 짜게 하자

사람은 '하고 싶은 일'부터 생각하기 쉽지만, AI는 '마감'에서 거꾸로 계산해 현실적인 계획을 세워준다.

예를 들어, 다음과 같이 요청해 보자.

'다음 주 화요일 15시 프레젠테이션을 기준으로 역산 스케줄을 만들어라. 준비에 필요한 자료 작성 시간은 총 3시간이다. 사용 가능한 시간은 오늘 16~18시, 내일 아침 7~8시, 토요일 오전 9~11시다. 이동 시간과 다른 일정도 고려해 최적의 배분을 제시하라'

AI는 이동 시간과 피로도까지 계산에 넣어, '오늘은 자료 구조만 정리하고, 토요일 오전에 마무리 작성, 월요일에 리허설'이라는 현실적인 플랜을 제안해 준다.

회의 하나만 봐도 실제로는 준비에 의외로 시간이 걸린다. AI에게 '준비 시간까지 포함해서 스케줄을 생각해 달라'고 요청해 보자.

예를 들어 다음과 같이 부탁한다.

'내일 부장 면담은 14시부터 15시까지다. 필요한 준비 시간과 이번 달 실적 정리, 과제 정리, 개선안 검토, 예상 질문에 대한 답변 준비한다. 그리고 면담 후 고객 방문(16시)까지의 이동 시간을 모두 포함해, 오늘 안에 해야 할 일을 시간대별로 정리하라'

AI는 '실적 정리 30분, 과제 정리 20분, 이동 시간 15분'을 고려해 '오늘 17시까지 준비 완료가 필요하다.'는 식으로 구체적인 역산 스케줄을 제시해 준다.

## 이동 · 스케줄을 최적화해 불필요한 시간을 줄인다

외근이 많은 날일수록, 이동 순서에 따라 효율이 크게 달라진다. AI에게 최적의 이동 경로를 함께 고민해 보자.

예를 들면 다음과 같이 요청한다.

'내일 방문 일정: A사(종로) 10시, B사(잠실) 14시, C사(강남) 16시
출발지는 자택(을지로), 최종 목적지는 본사(명동)
가장 효율적인 이동 순서와 현실적인 이동 시간을 알려 줘'

AI는 지리적 위치 관계와 교통 상황을 고려해 '을지로 → 종로

→ 잠실 → 강남 → 명동'과 같은 최단 · 최적 동선을 제안해 준다. 또한 최신 AI 도구는 Google 캘린더나 Outlook 캘린더와 연동해 활용할 수도 있다. 사용자의 스케줄을 파악한 뒤, 현실적인 제안을 해준다.

'다음 주 캘린더를 보면 금요일 14시에 회의가 있다. 프로젝트 회의 준비에는 자료 작성 2시간, 관계자와의 사전 조율 30분이 필요하다. 회의는 금요일이지만, 준비를 위해 비어 있는 시간에 자동으로 배정해줄 수 있을까?'

AI는 사용자의 캘린더에서 빈 시간을 찾아 '수요일 12시 자료 작성' '목요일 15시 30분 관계자 미팅'과 같이, 가장 적절한 타이밍으로 일정을 자동 등록해준다.

더 발전한 AI라면 '비 오는 날은 이동 시간을 길게 잡고' '금요일 오후에는 피로도를 고려한다.'와 같은 사용자의 행동 패턴까지 학습해 일정 제안을 하게 된다.

다만 회사에서 이런 기능을 사용할 때는 반드시 사내 규정을 확인해야 한다. 캘린더 정보에는 사내 회의나 거래처 미팅 등 기밀성이 높은 내용이 포함되어 있을 수 있다. 개인 일정만을 다루고 있는지, 혹은 회사가 허용한 범위 안에서 활용하고 있는지가 중요하다.

## '일의 완성도'를 좌우하는 단계 설계력

단계 설계가 잘되면 일의 완성도는 눈에 띄게 달라진다. 급하게 준비한 자료보다, 시간을 들여 정리한 준비가 실수를 훨씬 줄여준다. 여유를 가지고 준비하면 '조금 더 다듬을 수 없을까'를 고민할 시간도 생긴다. AI를 일정 관리의 파트너로 삼으면, 사람은 '시간에 쫓기는 상태'에서 '시간을 활용하는 상태'로 바뀐다. 허둥대는 하루에서 벗어나, 차분하게 완성도 높은 일을 해내는 하루로 전환된다. 이 변화는 주변의 평가까지도 분명히 달라지게 만든다.

## 내일부터 시작하는 '시간의 가시화'

스케줄 관리에서 가장 중요한 것은 '실제로 얼마나 시간이 걸리는지'를 아는 것이다. AI를 활용하면 지금까지 보이지 않던 시간 사용 방식이 분명해진다. 그 결과, 무리 없는 현실적인 계획을 세울 수 있게 된다.

내일 일정을 짤 때 '이거, 정말 몇 시간이 걸릴까?'라는 생각이 들면 AI에 물어보면 된다. 이동 시간과 준비 시간까지 모두 포함해 계산해주기 때문에 '시간이 부족했다.'는 실패가 줄어든다. 시간에 쫓기는 하루에서 시간을 내 편으로 만드는 하루로, 이 변화는 일하는 방식을 근본부터 바꿔줄 것이다.

# 07

# AI 시대를 즐기는 사람들이 선택한 '새로운 일하는 방식'

스킬 · 커리어 · 인생을 업데이트하는 관점

# AI와의 공존을 '불안'에서 '가능성'으로

아침 출근길 전철에서 보게 되는 스마트폰 화면속에 'AI로 사라지는 일자리'라는 기사 제목이 눈에 들어온다. 직장에서도 '우리 일도 AI가 하게 되는 거 아닐까'라는 이야기를 자주 듣게 되었다.

이런 내용을 보며 불안해지거나, 왠지 마음이 가라앉는 느낌이 들지 않는가? 그런데 정말 AI는 우리의 일을 빼앗으러 온 적일까?

## '시켜서 하는 일'에서 해방되는 날

매일의 일을 한번 떠올려 보자. 정말 더 중요한 일이 있는데도, 자잘한 작업에 쫓기며 보내는 시간이 있지 않은가?

- 보고서의 형식을 정리한다.
- 숫자를 다른 파일로 옮겨 적는다.
- 비슷한 문장을 여러 번 작성한다.

이것들은 분명 필요한 일이다. 하지만 정말 당신이 역량을 발휘할 수 있는 일일까?

'AI에게 일을 빼앗긴다.'는 관점을 바꿔 보자. 번거로운 작업을 AI에게 '맡길 수 있다.'고 생각하면 어떨까?

- 그동안 작업에 쓰던 시간으로 고객과 더 많은 대화를 나눌 수 있다.
- 새로운 기획을 차분히 고민할 수 있다.
- 팀원들과 상의할 시간도 만들 수 있다.

그런 가능성이 보이지 않는가? 이제부터 AI로 일이 효율화되면서, 삶이 더 나아진 사람들의 사례를 소개한다. 그리고 같은 효과를 낼 수 있는 'AI에 대한 지시문'도 함께 소개한다.

## 숫자를 정리하는 사람에서, 의미를 찾아내는 사람으로

경영기획부에서 일하던 A는 매달 각 부서의 숫자를 정리해 보고하는 일을 해왔다. 엑셀과 씨름하는 나날, 그것만으로도 한 달의 절반이 지나갔다. 하지만 AI를 사용해 이런 상담을 하게 되었다.

'이 숫자는 무엇을 말해주는가' '회사는 어디로 가야 하는가'를 고민하는 데 집중할 수 있게 된 것이다.

예를 들어, 다음과 같이 AI에 요청해 보자.

- 목적: 경영 판단에 활용할 수 있는 깊이 있는 분석을 하고 싶다.
- 조건: 매출 숫자뿐 아니라 시장의 흐름, 경쟁사의 움직임, 우리 회사의 강점과 약점, 다른 업계의 방식 중 활용할 수 있는 것이 무엇인가
- 출력 형식: 임원회의에서 설명할 수 있는 제안의 흐름으로 제시하라

## 지금까지 할 수 없었던 일을 할 수 있게 되는 기쁨

마케팅부의 B가 가진 고민은 '고객의 목소리를 모두 듣지 못한다는 것'이었다. 설문조사, SNS, 전화 기록 등을 전부 읽는 것은 현실적으로 불가능했다. 그래서 AI의 힘을 빌리기로 했다.

B는 '고객의 진짜 속마음이 보이기 시작했다.'며 만족해하고 있다. 사람의 감각과 AI의 분석을 결합하면, 지금까지 알아차리지 못했던 것들이 보이기 시작한다.

예를 들어, 다음과 같이 지시해 보자.

- 목적: 고객이 정말로 원하는 것이 무엇인지 찾고 싶다.
- 조건: 설문조사 500건, SNS 게시글, 문의 기록을 모두 모아 분석한다.
- 찾아주었으면 하는 것:
  - 고객이 말로 표현하지 못한 바람
  - 다른 회사에서는 해결하지 못한 불만
- 출력 형식: 새로운 서비스 아이디어 세 가지를 제시하라

## AI가 분명히 드러내는 '인간의 가치'

AI가 잘하는 것이 무엇인지 알게 되면, 반대로 '사람만이 할 수 있는 일'도 선명해진다.

- 복잡한 인간관계를 조율하는 능력
- 상대의 감정을 헤아리는 힘
- 아직 말이 되지 않은 가치를 발견하는 능력
- 옳고 그름을 판단하는 능력

이것은 AI가 아무리 똑똑해져도 사람이 맡아야 할 일이다.

영업부의 C는 AI를 활용해 제안서 작성 시간을 줄였다. '고객과 대화하는 시간이 늘어나 진짜 고민을 알게 되었다.'고 말한다. 작업에서 해방되어 사람과 사람의 연결을 깊게 만든 것이다. 이것이 AI 시대의 일하는 방식이다. AI를 두렵게 느끼는 것은 자연스러운 일이지만 실제로 사용해 보면, 두려운 존재가 아니라 믿음직한 동반자라는 것을 알게 된다.

내일 업무에서 AI를 사용할 기회가 있다면 '이 일을 AI에게 맡긴다면 나는 무엇을 할 수 있을까?'라고 생각해 보자. 분명 새로운 가능성이 보이기 시작할 것이다.

AI는 우리에게서 무언가를 빼앗지 않는다. 정말로 중요한 일, 진정한 가치를 지닌 일에 집중할 수 있게 해줄 뿐이다. 불안에서 가능성으로, 그 한 걸음을 오늘부터 내딛어 보자.

# AI 리터러시는 커리어의 강점이 된다

취업 · 이직 사이트를 살펴보면 'AI 활용 경험 우대' '생성형 AI를 활용한 업무 경험'이라는 문구가 여러 채용 공고에 등장하기 시작했다. 이를 보고 조급해질 필요는 없다. 이미 이 책을 통해 AI와 함께 일하는 방식을 배우고 있기 때문이다.

그것은 단순한 '사용법'을 넘어 앞으로의 시대에 필요한 '사고방식'이다.

## 어느 업계에서도 통하는 새로운 힘

AI 리터러시의 가장 큰 장점은 업계를 가리지 않는다는 점이다. 제조업에서도, 서비스업에서도, 어디에서든 활용할 수 있는 힘이 된다.

식품 제조사에서 품질 관리를 담당하던 D씨의 이야기를 들은

적이 있다. 이직을 고민하던 중, 전문 지식만으로는 선택지가 제한된다는 사실을 깨달았다고 한다. 그래서 AI를 활용한 분석 방법을 익혔더니, 예상치 못한 발견이 있었다고 한다.

당신도 다음과 같이 AI에 지시해보는 것은 어떨까?

- 목적: 품질 관리 경험을 다른 업계에서도 활용하고 싶다.
- 조건: 스킬 전환, 식품 분야의 지식을 다른 영역에 응용
- 적용을 고민할 분야: 제조업의 품질 향상, 서비스업의 만족도 관리, IT 분야의 품질 보증
- 출력 형식: 각 업계에서의 구체적인 활용 방법을 제시하라

이 분석을 통해 '품질을 수치화해 개선하는 역량'은 어떤 업계에서도 요구된다는 점을 알게 되었다고 한다. 결과적으로 IT 기업에서 새로운 커리어를 시작할 수 있었다는 이야기다.

## 사내에서 신뢰받는 존재가 될 수 있다

AI를 사용할 수 있게 되면, 직장에서의 평가가 달라진다. '효율적인 방법을 아는 사람'으로 인식되면서 자연스럽게 상담이 늘어난다.

총무부에서 일하는 E씨의 경우 처음에는 자신의 일을 편하게 하기 위해 AI를 쓰기 시작했다. 하지만 그 효과를 본 동료들이 잇달아 상담을 해오기 시작했다고 한다.

당신도 다음과 같은 방식으로 활용해 보자.

- 목적: 부서 전체의 일을 더 수월하게 만들고 싶다.
- 조건: 컴퓨터에 익숙하지 않은 사람도 쓸 수 있는 방법
- 개선하고 싶은 작업: 근태 데이터 집계, 비품 관리, 이벤트 준비
- 출력 형식: 간단하게, 3단계로 바로 시작할 수 있는 방법을 제시하라

이러한 시도가 인정되어, 새로운 역할을 맡게 되었다는 이야기도 있다. AI 리터러시는 분명히 당신의 가치를 높여준다.

## 새로운 일을 맡을 기회

AI의 확산으로, 지금까지 없던 일도 새롭게 생겨나고 있다. 'AI 코디네이터' 'AI 활용 추진 담당'처럼 기술자가 아니어도 활약할 수 있는 역할이다. 영업기획 업무를 하던 F씨가 이 흐름을 타고 새로운 도전에 나섰다는 사례도 있다.

예를 들어, 당신도 AI에 다음과 같이 의뢰해 보자.

- 목적: AI로 새로운 서비스를 만들고 싶다.
- 조건: 비즈니스 관점, 기존 서비스+AI, 새로운 가치
- 조합안: 부동산+AI, 외식+AI, 여행+AI
- 출력 형식: 간단한 사업 아이디어를 제시하라

이런 제안이 평가되어 신사업 담당자가 된 사례도 있다. AI를 이해하게 되면 새로운 기회가 열린다.

## 배움을 이어가는 태도가 평가받는다

흥미로운 점은 AI 리터러시에는 학력이 크게 관계없다는 것이다. 그보다 더 중요한 것은 '새로운 것을 배우려는 의지'다. 공장에서 일하던 G씨가 독학으로 AI 활용을 익혔다는 이야기도 있다.

예를 들어 당신도 다음과 같은 방식으로 활용해볼 수 있다.

- 목적: 공장의 효율을 높일 수 있는 실용적인 방법을 찾고 싶다.
- 조건: 현장 중심. 바로 쓸 수 있는 실천적인 방법
- 해결하고 싶은 문제: 기계 고장 예측, 인력 배치, 품질 관리

• 출력 형식: 현장 직원도 이해할 수 있는 설명으로 제시하라

이러한 시도를 통해 생산성이 크게 향상되었고, 다른 공장에서도 상담이 들어오기 시작했다고 한다. 이제는 학력보다 '계속 배우는 힘'이 평가받는 시대다.

AI 리터러시를 익히기 위해 특별한 공부는 필요 없다. 일상의 업무 속에서 조금씩 AI를 사용해보는 것, 그것이면 충분하다. 내일의 업무를 두고 '이 일을 AI와 함께하면 어떻게 달라질까?'라고 한 번 생각해 보자. 이런 작은 실험의 축적이 커리어를 단단하게 만들어준다.

이직이든, 사내에서의 독립이든 AI 리터러시는 강력한 무기가 된다. 이미 첫걸음을 내디딘 당신이라면, 분명 새로운 가능성을 발견할 수 있을 것이다.

# AI 시대이기 때문에 더욱 요구되는 '인간력'

금요일 저녁, 카페에서 친구를 만났을 때의 일이다. 그녀는 최근에 이직한 지 얼마 되지 않았다.

'AI가 이렇게 편리한데, 왜 내 평가가 올라갔는지 알아?'
'AI를 쓰는 시간이 늘어서라고 생각했어'
'AI의 답을 그대로 쓰지 않고 시간을 들여 고민하면서, 신입사원의 상담에 응해줄 수 있게 됐어. 그래서 '의지할 수 있는 선배'라는 말을 듣게 된 거야'

AI가 잘하는 일이 늘어날수록, 오히려 인간만이 할 수 있는 일의 가치는 더욱 빛나게 된다.

## AI의 답을 가려내는 '판단력'

마케팅 부서의 H씨는 신제품의 시장 분석을 AI에 의뢰했다. AI로부터 세 가지 제안이 돌아왔다. 이론적으로는 모두 맞아 보였다. 하지만 H씨는 위화감을 느껴 AI에 검증을 요청했다고 한다.

예를 들면 다음과 같은 지시다.

- 목적: AI의 제안을 판단하기 위한 기준을 정리하고 싶다.
- 조건: 인간의 판단이 필요한 이유, 숫자는 맞지만 현장 감각과 다르다.
- 판단 포인트: 회사의 문화에 맞는가, 팀에서 실행 가능한가, 고객이 정말로 기뻐할까
- 출력 형식: AI의 제안을 평가하는 체크리스트로 제시하라

H씨는 깨달았다. 'AI는 올바른 답을 내놓지만, 그것이 '우리 회사에서 쓸 수 있는 답'인지는 또 다른 문제다.' 그 판단을 할 수 있는 것은 인간뿐이다.

데이터를 읽고 해석하는 힘, 현장을 아는 힘, 그리고 '이건 다르다.'라고 말할 수 있는 용기, 이것이 AI 시대에 더욱 중요해진 능력이다.

## '누구와 일하느냐'가 일의 가치를 결정한다

최근 편의점에서도 셀프 계산대가 늘어났다. 확실히 편리하다. 하지만 흥미로운 점이 있다. 셀프 계산대가 늘어날수록 '그래도 사람이 있는 계산대가 좋다.'는 목소리는 사라지지 않는다. 만약 직원이 친절하게 '어서 오세요'라고 웃으며 맞아 준다면, 그 편의점을 선택하는 이유가 된다.

이런 이유로 가게를 선택하는 사람이 늘고 있다. 영업부의 I씨는 이러한 변화를 현장에서 체감하고 있다.

예를 들어 다음과 같은 지시를 AI에 내려보면, 당신도 바로 이해할 수 있다.

- 목적: 기술로는 차별화가 어려운 시대의 영업을 고민하고 싶다.
- 조건: 사람만이 만들어낼 수 있는 가치. 상품 사양은 같고, 가격도 비슷하며, 납기도 변하지 않는 것
- 차별화 포인트: 상담하기 쉬움, 함께 고민해 주는 태도, 실패를 함께 극복하려는 각오
- 출력 형식: 고객이 '이 사람과 일하고 싶다.'고 느끼는 요소 리스트를 제시하라

I씨는 이렇게 말한다. '제안서는 AI로 만들 수 있다. 하지만 곤

란할 때 한밤중에도 전화할 수 있다는 안심은 사람에게서만 나온다.' 기술이 당연해진 지금, 마지막 차이는 '누구와 일하느냐'로 결정된다.

## 같은 가치관을 가진 사람과 일하는 기쁨

기획부의 J씨 팀은 최근 다양한 변화를 겪었다. AI를 활용해 작업 시간이 줄어든 만큼, '애초에 좋은 일이란 무엇일까?'를 이야기하는 시간이 늘어났다.

흥미로운 변화가 일어났다. 가치관을 공유하는 팀은 AI를 사용할 때도 '이 방식은 우리의 가치관에 맞는가?'를 자연스럽게 고민하게 된 것이다. 같은 방향을 향해, 같은 생각으로 일한다. 이 일체감은 어떤 기술로도 만들어낼 수 없다.

당신도 다음과 같은 지시를 해보길 바란다.

- 목적: 팀의 일에 대한 가치관을 말로 정리하고 싶다.
- 조건: 가치관의 공유
  - 효율만이 아니고, 매출만도 아니다. 우리가 정말로 소중히 여겨야 할 것
  - 고객의 미소, 사회에 대한 기여, 일하는 기쁨, 성장하고 있다

는 실감

- 출력 형식: 팀의 약속으로 정리해 벽에 붙일 수 있는 문장으로 제시하라

## '사람으로서 옳은가'를 계속해서 묻는 힘

경영부의 K씨는 AI가 만든 효율화 제안을 보고 멈춰 섰다. 확실히 숫자는 완벽하다. 하지만 무언가 걸렸다. AI로 검증해 보니, K씨의 판단이 옳았다.

'효율을 지나치게 좇아, 중요한 것을 잃지 않는다.'

이 선을 그을 수 있는 존재는 마음을 지닌 인간뿐이다. 정답이 없는 판단을 책임지고 내릴 수 있다. 이것이 AI 시대의 인간 역할이다.

예를 들어 다음과 같은 지시를 AI에게 내리면, 균형 잡힌 판단을 당신도 할 수 있다.

- 목적: 효율과 인간성의 균형을 고민하고 싶다.
- 조건: 숫자만이 아닌 판단, 비용은 줄지만 사람은 지친다, 시간

은 단축되지만 품질은 떨어진다.

- 고려점: 상대의 감정, 사람에게 미치는 영향, 장기적인 관점에서의 신뢰
- 출력 형식: '효율적이지만 하지 않는 편이 좋은 일'의 리스트로 제시하라

## 내일부터 시작하는 '인간력'을 기르는 방법

AI가 작업을 대신해 주는 시대다. 그렇기 때문에 인간만이 할 수 있는 일의 가치가 더욱 빛난다.

동료와의 유대, 그리고 '이건 아니라고 말할 수 있는 용기' 내일 AI가 만든 제안을 보게 된다면 '정말 이대로 괜찮은가?' 하고 한 번 멈춰 서서 생각해 보자.

동료와 이야기할 때는 '어떤 일을 하고 싶은가?'라고 가치관을 물어보자. 기술은 누구나 사용할 수 있게 된다. 하지만 '당신'이라는 인간의 가치는 오직 당신만이 만들 수 있다. 그 가치를 소중히 키워나가는 것 그것이 AI 시대를 즐겁게 살아가는 비결이다.

# 'AI 에이전트'라는 새로운 시대로

'다음 달 신제품 발표회의 기획서를 만들어줘' 시장 조사를 실시하고, 경쟁사의 동향을 분석하고, 과거의 성공 사례를 참고해 타깃층을 설정하고, 예산안을 만든다. 이 모든 작업이 단 몇 시간 만에 완성된다. 이제는 현실적인 업무다.

이것이 'AI 에이전트'의 힘이다. '에이전트'란 '대리인'이라는 뜻이다. 사람을 대신해 AI가 일을 해주는 것은 더 이상 먼 미래의 이야기가 아니다. 지금 이 순간부터 사용할 수 있는 현실의 기술로, 우리 눈앞에 등장하고 있다. 집필 시점에서는 ChatGPT Agent가 이해하기 쉬운 예일 것이다.

'Genspark'도 '슈퍼 에이전트'라는 이해하기 쉬운 이름으로 서비스를 제공하고 있다. 앞으로도 잇따라 등장할 것이므로, 최신 정보는 꼭 AI로 검색해 보자.

## 정보를 주는 것에서, 하고 싶은 일을 전달하는 단계로

지금까지의 AI 활용에서는, 우리가 필요한 정보를 모두 준비한 뒤에 요청해야 했다. 이 '데이터 AI'에서는 '이런 구성으로, 이런 내용으로'라는 식으로, 재료 단계부터 어디까지 구성할지까지를 구체적으로 짜줄 필요가 있었다. 하지만 AI 에이전트는 다르다. '매출 보고서를 만들어줘'라고 전달하기만 해도, 필요한 데이터가 무엇인지, 어디에서 입수해야 하는지, 어떻게 구성해야 읽는 사람이 이해하기 쉬운지까지, 모든 것을 스스로 판단해 실행해준다.

예를 들면, 다음과 같은 식으로 일련의 작업을 자동화해주는 것이다.

- **작업 지시: 신상품의 시장 분석 리포트를 작성한다.**
- **에이전트 실행 단계:**
  - 스텝 1: 시장 규모와 성장률 데이터 수집 · 분석
  - 스텝 2: 주요 경쟁 기업의 상품 · 가격 · 전략 조사
  - 스텝 3: 타깃 고객층의 특성과 구매 행동 분석
  - 스텝 4: 업계 트렌드와 시장 변화 정리
  - 스텝 5: SWOT 분석을 통해 자사의 포지션 평가
  - 스텝 6: 위의 모든 내용을 통합한 전략 제안 포함 리포트 작성

우리가 할 일은 처음 한마디뿐이다. 그 이후의 과정은 AI 에이전트가 필요한 작업을 모두 설계해 순서대로 실행해주는, 획기적인 변화다.

## 복잡한 판단까지 포함한 종합적인 문제 해결 능력

AI 에이전트의 진가는 단순 작업뿐 아니라, 복잡한 판단이 필요한 업무까지 한 흐름으로 처리한다는 점이다.

인사 부서의 활용 사례를 보자. '내년도 채용 계획을 세워줘'라는 지시에 대해, 여러 정보원이 섞여 있어도 그 타당성을 검토해 최적의 해답을 찾아낸다.

### ■ 복합 업무 자동 실행 사례

- 채용 계획 수립
- 정보 수집 단계: 업계 채용 동향, 경쟁사 채용 규모, 자사 퇴직률 예측, 각 부서 인원 계획
- 분석 단계: 3년간 채용 실적과 정착률 분석, 비용 대비 효과가 높은 채용 방식 도출
- 전략 수립: 예산 제약과 인력 수요를 고려한 최적의 채용 계획

수립

- 실행 계획: 월별 채용 일정, 부서별 배치 계획, 필요한 준비 작업을 시간 순서로 정리

이 모든 일을 사람이 손으로 처리하려면 몇 주는 걸리는 작업이다. 하지만 AI 에이전트라면 하루 만에 완성해 준다.

## 미래에 기대되는 혁신적인 협력의 형태

앞으로는 AI 에이전트가 개인의 일을 돕는 데 그치지 않고, 팀 전체의 협력을 더욱 효율적으로 만들어 줄 것으로 기대된다. 여러 명이 관여하는 복잡한 프로젝트에서도 전체를 조율하면서 최적의 진행 방안을 제안해 주는 시대가 올 것이다.

미래에는 프로젝트를 통합해 관리하는 역할까지 가능해질 수 있다. 예를 들어 신상품 개발부터 판매까지 이어지는 종합 프로젝트에서 AI 에이전트가 개발 · 마케팅 · 제조 · 재무 등 각 부서의 계획을 동시에 수립하고, 부서 간의 충돌 지점을 해결해 전체 최적의 관점에서 일정과 예산을 통합적으로 조정하는 방식이다.

현재는 정보가 분산돼 있고 처리 능력에도 한계가 있지만, 기술

의 발전에 따라 실현이 기대되는 기능이다.

## 바로 시작할 수 있는 에이전트 활용 요령

AI 에이전트를 효과적으로 활용하는 핵심은 '완벽한 지시'를 내리는 것이 아니라 '명확한 목적'을 전달하는 데 있다. 세세한 절차를 지시하기보다 '무엇을 실현하고 싶은지' '어떤 성과를 원하는지'를 구체적으로 전하는 것이 중요하다.

또한 AI가 만들어낸 결과물은 반드시 자신의 경험과 지식으로 점검해야 한다. AI는 논리적이고 포괄적인 분석에는 강하지만, 현장의 분위기나 인간관계의 미묘함처럼 아직은 인간의 판단이 필요한 영역도 존재한다.

에이전트가 만든 토대를 자신의 통찰로 다듬는다. 이 협력 관계가 최고의 성과를 만들어낸다.

## 일하는 방식의 근본적인 변화를 즐기자

AI 에이전트의 확산으로 우리의 일하는 방식이 근본적으로 달라진다. 지금까지 많은 시간을 들이던 정보 수집과 자료 작성 시간이 크게 단축되고, 그만큼을 전략적 사고와 인간관계 구축, 창의적인 일에 쓸 수 있게 된다.

이는 곧 일의 질을 높이고 가치 있는 성과를 만들어낼 수 있게 된다는 뜻이다. 단순 작업에서 해방된 지금, 어떤 새로운 도전에 나설 것인가, 어떤 창의적인 아이디어를 형태로 만들 것인가. 분명 이전보다 훨씬 더 충실한 일을 할 수 있게 될 것이다.

AI 에이전트라는 새로운 동료는 이미 바로 곁에 있다. 두려워하지 말고 이 혁신적인 경험을 시작해 보자. 새롭게 일하는 방식의 문은 이미 열려 있다.

# '급성장하는 AI'에 뒤처지지 않는 학습법

AI의 진화는 분명 대단하고, 할 수 있는 일도 점점 많아지고 있다. 하지만 AI의 진화가 대단할수록 'AI를 써야 한다.'는 생각에 빠져, AI를 사용하는 것 자체가 목적이 되기 쉽다.

그러나 본래 AI를 쓰는 방식이란, 자신의 업무에 필요한 것에 맞춰 활용하는 것이다. AI 우선이 아니라, 업무 우선, 하고 싶은 일 우선, 그에 필요한 AI 도구를 사용하는 것을 의식해 보자.

## AI에 대해서는 AI가 가르쳐 준다

AI의 최신 정보를 아는 것은 중요하다. 하지만 그보다 더 중요한 것은 다음과 같다.

- 자신의 업무 내용을 파악한다.
- 무엇을 하고 싶은지, 무엇을 해야 하는지를 명확히 정리한다.

- 2장에서 설명한 정리 작업을 일상적으로 점검하고 관리해 나간다.
- 새로운 일에 도전하고 싶을 때도, 도전할 내용을 미리 정리하고, 필요한 도구와 AI를 선별해 선택한다.

AI의 새로운 기능을 보고 '이것도 외워야 하나'라고 생각할 필요는 없다. 설령 사용법을 잘 몰라도, AI에게 물어보면 가르쳐 준다.

새로운 기술이 계속 등장해 불안해질 수는 있다. 하지만 억지로 공부할 필요는 없다. AI를 활용하면서 필요한 만큼 익히면 된다. 예를 들면 다음과 같은 형식이다.

- 목적: 새로운 이미지 제작 기능을 써 보고 싶다.
- 지금 상황: 완전 초보로 무엇을 할 수 있는지 알고 싶다. 회사 프레젠테이션에 쓸 설명용 그림을 만들고 싶다.
- 알고 싶은 것: 어떤 지시를 내리면 되는지, 주의할 점은 무엇인지
- 출력 형식: 초보자도 바로 따라 해볼 수 있는 구체적인 절차를 3단계로 제시하라

이처럼 새로운 기능에 대해서도, AI가 먼저 선생이 되어 가르쳐 준다. '쓰고 싶을 때는, 쓰고 싶은 기능만 AI에게 물어보면 된다.'

는 점이 핵심이다.

이것이 AI 시대의 새로운 배움 방식이다. 지식을 먼저 외우는 것이 아니라, 필요할 때 적절한 질문을 던질 수 있는 힘을 기르는 것이 중요하다.

## '변화를 두려워하는 것'에서 '변화를 즐기는 것'으로 바꿔보자

새로운 AI 기능이 발표될 때마다 '또 외워야 할 게 늘었다.'며 한숨을 쉬는 사람이 있다. 하지만 관점을 조금 바꿔보면 어떨까? 새 기능은 지금 하는 일을 훨씬 더 수월하게 만들어 줄 가능성을 품고 있다. 번거롭던 작업이, 그동안 포기했던 일이 실현될 수도 있다.

예를 들어 AI에게 다음과 같이 요청해 보자.

- 목적: 고객의 구매 패턴을 자세히 분석하고 싶다.
- 분석 대상: 고객의 최근 6개월 구매 이력, 계절성, 연령대별 경향
- 분석 관점: 매출에 영향을 주는 시기의 특징, 재구매 고객의 공통점
- 출력 형식: 영업 전략에 활용할 수 있는 구체적인 개선안 다섯 가지를 제시하라

변화를 두려워할 것이 아니라, 변화가 나에게 가져다주는 이점에 시선을 돌려보자. 분명 지금까지 보이지 않던 가능성이 보일 것이다.

AI 활용에서 가장 효과적인 학습 방법은 실제로 써보는 것이다. 완벽히 이해한 뒤에 쓰는 것이 아니라, '일단 시험해본다.'는 가벼운 태도가 중요하다. 실패해도 괜찮다. 작은 실패에서 배우는 것이 책으로 읽은 지식보다 훨씬 몸에 남는다.

일주일에 한 번, 단 15분이라도 새로운 사용법을 실험하는 시간을 만들어보자. 예를 들어 이번 주에는 음성으로 AI와 대화해본다. 다음 주에는 여러 언어로 소통해본다. 그 다음 주에는 화면 요약 기능을 써본다. 이렇게 작은 실험을 하나씩 쌓아가는 것이다.

예를 들면 다음과 같은 지시를 생각할 수 있다.

- 실험 테마: 음성으로 AI와 대화해보고 싶다.
- 실험 조건: (가볍게 시도하기) 출퇴근 시간 10분 동안, 오늘 있었던 일을 음성으로 말하고 AI에게 조언을 받는다.
- 기대 효과: 적절한 타이밍에 부담 없이 상담할 수 있는지, 말하면서 생각이 정리되는지
- 출력 희망: 직접 해본 소감과 내일부터 활용할 아이디어를 제시하라

이처럼 작은 실험의 기록을 남겨 두면, 나만의 'AI 활용 노하우 모음집'을 만들 수 있다.

## '오늘의 편리함'을 소중히 여기며 성장하자

AI의 진화에 대해 이야기할 때 핵심은 '지금 할 수 있는 일'을 소중히 여기는 것이다. 미래의 고도화된 기능을 기대하기보다, 지금 당장 쓸 수 있는 기능으로 일이 조금이라도 편해지는 것이 중요하다.

오늘의 작은 개선이 쌓이면, 반년 뒤, 1년 뒤에는 큰 변화로 이어진다. 매일의 일에서 '이거, 조금 더 편해질 수 없을까?'라고 느끼는 순간이 바로 배움의 기회다.

그럴 때 AI에게 상담해 보자.

'이런 작업을 더 효율적으로 만들고 싶은데, 방법이 있을까?'

'이 반복 작업을 자동화할 수 없을까?'

'이 자료를 더 이해하기 쉽게 정리할 수 없을까?'

일상 속의 이런 '작은 불편함'을 AI와 함께 해결할 수 있게 되면, 배움은 훨씬 즐거워진다. 그건 공부를 위한 공부가 아니라, 오늘을 더 편하게 만들기 위한 학습이 된다. 이런 태도를 유지하면, AI가 아무리 발전해도 자연스럽게 따라갈 수 있다.

AI 기술의 발전 속도를 따라가는 게 버겁게 느껴질 때도 있다. 그럴 때는 AI를 완벽히 다루는 것을 목표로 삼지 말고, 실제 기업 사례들을 하나씩 알아가면 된다. 전문가의 도움을 받는 것도 하나의 방법이다.

모든 걸 혼자 이해하려고 할 필요는 없다. 전문가의 지식을 활용하면, 필요한 정보를 훨씬 효율적으로 얻을 수 있다.

# '효율화' 그 너머에 있는 것, 시간과 마음의 자유

예를 들어 평일 저녁 6시를 떠올려 보자. 늘 야근이 시작되던 시간이지만, 오늘은 다르다. AI와의 협업으로 일이 예상보다 빨리 끝나, 조용히 짐을 정리하고 있다. 동료가 '벌써 가?'라며 놀란 표정을 짓지만, 얼굴에는 초조함이 없다. 오히려 잔잔한 만족감이 감돌고 있다.

이건 단순한 시간 단축 이야기가 아니다. AI 활용을 통해 손에 넣은 '시간과 마음의 자유'가 당신의 인생 자체를 바꾸기 시작하고 있다.

## 시간의 여유가 있다면 새로운 자신이 될 수 있다

AI 활용으로 하루 2시간을 만들어낼 수 있다면, 1년이면 약 500시간이다. 이는 약 3개월치 노동 시간에 해당한다. 이 시간을 어떻게 쓸 것인가? '눈앞의 일만 처리하기에도 벅찼던' 매일에서 '오늘은 어떤 새로운 것을 배워볼까' 하고 생각할 여유가 생긴다.

서점에서 책을 차분히 읽거나, 온라인 강의로 새로운 스킬을 익히거나, 작지만 확실한 성장을 체감하는 시간이 늘어난다. 항상 마감에 쫓기던 시절에는 새로운 아이디어가 떠올라도 억눌러버렸다. 하지만 시간에 여유가 생기면 '재미있는 아이디어네, 다음에 한번 해보자' 하고 앞을 향해 생각할 수 있게 된다.

## 창의성의 해방이 일의 질을 바꾼다

AI 활용으로 가장 크게 달라지는 것은, 일의 질이다. 루틴 작업에서 해방되면서, 뇌는 본래의 창의적인 힘을 발휘하기 시작한다.

다음과 같이 AI에세 제인해 보자.

- 목적: 내년도 신상품 기획에서 혁신적인 아이디어를 만들어내고 싶다.
- 조건: 기존의 틀을 넘는 발상, 고객의 잠재 니즈에 착안
- 창의 지원: (다각도 브레인스토밍) '고객의 입장에서 이런 게 있으면 좋겠다 20개', 각 업계의 성공 사례를 응용한 아이디어
- 출력 형식: 각 아이디어의 참신함과 실현 가능성을 5단계로 평가하라

이처럼 AI를 창의적인 파트너로 활용하면, 혼자서는 떠올릴 수 없었던 획기적인 아이디어가 나오게 된다. 그리고 무엇보다 중요한 것은, 아이디어를 다듬을 시간적 여유가 있다는 점이다. 서둘러 만든 기획보다, 충분히 고민한 기획이 고객의 마음에 더 와닿는 것은 분명하다.

## 인간관계와 삶의 질이 좋아지는 선순환

시간과 마음에 여유가 생기면, 인간관계에도 좋은 변화가 일어난다. 늘 허둥대던 시절에는 동료와의 대화도 '용건만'으로 끝나 있었다. 하지만 여유가 생기면 '요즘 어때?' 같은 따뜻한 대화가 자연스럽게 나온다. 이런 작은 변화가 쌓이면서, 삶 전체의 질이 점점 높아진다.

'이 작업, AI로 효율화할 수 있다.'

당신의 지식과 스킬이 팀 전체의 생산성 향상에 기여하게 된다. 상사와의 관계도 달라지고, 더 전향적이고 건설적인 제안을 할 수 있게 된다.

일의 효율 향상이 가장 큰 가치를 발휘하는 곳은, 어쩌면 사적인 시간일지도 모른다. 시간과 마음의 여유는 인생에 새로운 도전을 가져온다. 부업을 시작해 본다든가, 새로운 분야의 공부를 시작한다든가, 지역 활동에 참여한다. 지금까지 '바빠서 무리'라고 생각했던 일들에 적극적으로 도전할 용기가 생긴다.

## 새로운 도전에 나설 용기도 생긴다

야근이 줄어들면서 가족과 저녁을 함께하는 시간이 늘어난다. 주말에는 완전히 개인적인 시간에 집중할 수 있고, 취미 시간도 충분히 확보할 수 있게 된다. '언젠가 해보고 싶다.'가 '이제 해보자'로 바뀌며, 실제로 행동에 옮길 수 있게 된다.

커리어의 선택지도 넓어진다. 이직을 고민하거나 프리랜서로 전향하는 가능성을 검토하거나, AI 활용 스킬이라는 새로운 무기를 손에 넣음으로써 '이렇게 일하는 방식도 있구나'라는 자신감이 생겨난다.

## '진정한 풍요로움이란 무엇인가'를 다시 바라보자

AI 활용을 통해 시간과 마음의 자유를 손에 넣은 당신은 머지않아 정말로 중요한 것이 무엇인지 깨닫게 된다.

그것은 '많은 시간을 쓰는 것'이 가치가 아니라, '짧은 시간 안에 질 높은 성과를 내는 것'에 가치가 있다는 사실이다. 바쁘게 일하는 것이 충실한 것이 아니라, 중요한 일에 집중할 수 있는 상태야말로 충실함이라는 점이다.

많은 일을 해내는 것이 성장으로 이어지는 것이 아니라, 창의적이고 가치 있는 일에 도전하는 것이 성장을 만든다.

이 책을 통해 배운 AI 활용 기술은 단순한 업무 효율화 도구가 아니다. 진정으로 실현하고 싶은 삶을 향해, 시간과 에너지를 가장 적절하게 배분하기 위한 도구다.

## 자유로 향한 문은 이미 열려 있다

'일이 끝나지 않는다.'고 고민하던 사람도 6개월이면 크게 달라진다. 지금은 믿기 어려울지도 모르지만, 지금의 자신과 6개월 뒤의 자신을 꼭 비교해보라. 매일 정시에 퇴근하게 되고, 내일을 생각할 시간이 생기며, 가족이나 친구와도 좋은 관계를 맺게 된다.

이 모든 것은 AI라는 동반자와의 협업으로 실현된다. 기술의 진화는 우리에게 진정한 자유를 가져다준다.

필자가 걸어온 길 역시 결코 평탄하지 않았다. 처음에는 사용법을 몰라서, 습관화에 고생하던 날도 많았다. 그래도 포기하지 않고 계속했기 때문에 지금의 자유가 있다. 그리고 이 자유는 목표가 아니다. 새로운 출발선이다. 시간과 마음의 여유를 손에 넣은 우리는, 다음으로 어떤 도전에 나서고 어떤 가치를 세상에 제공할 것인가. 그 이야기는 지금부터 시작된다.

AI 활용으로 손에 넣은 시간과 마음의 자유를 활용해, 당신만의 풍요로운 인생을 만들어라. 그 앞에 펼쳐진 가능성은 무한하다.